《资治通鉴》精编

第一册

[宋]司马光 著 谢 普◎主编

图书在版编目（CIP）数据

《资治通鉴》精编：全四册 / (宋) 司马光著；谢普主编. -- 长春：时代文艺出版社, 2024.5（2025.2重印）
ISBN 978-7-5387-7345-3

Ⅰ. ①资… Ⅱ. ①司… ②谢… Ⅲ. ①《资治通鉴》 Ⅳ. ①K204.3

中国国家版本馆CIP数据核字(2023)第235310号

《资治通鉴》精编：全四册
《ZIZHITONGJIAN》JINGBIAN：QUAN SI CE
［宋］司马光 著 谢 普 主编

出 品 人：吴 刚
产品总监：郝秋月
责任编辑：陈 阳
助理编辑：赵兵欣
装帧设计：韩月朝
排版制作：李文琦

出版发行：时代文艺出版社
地　　址：长春市福祉大路5788号 龙腾国际大厦A座15层 （130118）
电　　话：0431-81629751（总编办） 0431-81629758（营销部）
官方微博：weibo.com/tlapress
开　　本：640mm × 910mm 1/32
印　　张：32
字　　数：636千字
印　　刷：德富泰（唐山）印务有限公司
版　　次：2024年5月第1版
印　　次：2025年2月第2次印刷
书　　号：ISBN 978-7-5387-7345-3
定　　价：698.00元（全四册）

前　言

《资治通鉴》是一部规模空前的编年体历史巨著，是我国一部极为重要的编年体史书，它不仅为当时的封建统治阶层提供了统治经验，对当代社会而言也具有很高的史料价值。

《资治通鉴》以历代治乱兴衰为线索，在记录历史的同时，阐述君主与人臣的品德善恶，讲述军国大事与政策得失，总结王朝更替的原因和教训，以期统治者从中获取鉴戒。本书完全用年、月、日的时间顺序记述，结构严谨，条理清晰。

《资治通鉴》通过翔实的历史记载，向当时的统治者说明了历史的经验对于政治统治的重要性。在这一点上，《资治通鉴》所提供的历史教训，是以往任何一部史书都不能相比的。另外从历史观点上，《资治通鉴》认为国家的兴衰在很大程度上取决于统治者的修养。它提倡君主应遵于礼，讲究仁义，在用人方面要量才而用，赏罚分明，还要能听取臣民的谏言，这一点对于后来的历代统治者都有一定的约束作用，直到今天也不失其意义。

在文字表达方面，《资治通鉴》最擅长于描写战争场

面，中国古代历史上以少胜多、以弱胜强的经典战役如赤壁之战、淝水之战，在《资治通鉴》中都被描述得精彩纷呈。在描述赤壁之战时，司马光并没有从正面去描写战争的具体情况，而是从人物着手，把鲁肃与孙权合谋定计、吴蜀构筑同盟及诸葛亮智激孙权等故事分别道来，从独特的视角诠释了这场决定魏、蜀、吴三足鼎立局面的关键战役。这样，既呈现了战争的完整过程，又对人物进行了深入刻画，给人留下鲜明的印象。而文中的一些语句，也成了后人惯用的成语典故，像草木皆兵、风声鹤唳等，均已为人耳熟能详。

本书语言简洁、表达准确、故事情节精彩，可以使读者在阅读过程中，从古代帝王将相、先贤圣哲的身上汲取智慧，总结经验教训，不断提升自己的才智谋略，加强自身的道德修养，从而使人生之路走得更加顺畅。

目　录

战国争雄

天下一统

楚汉相争

大汉天下

三国鼎立

南北对峙

隋唐盛世

五代十国

《资治通鉴》中的历史故事

战国争雄

三家分晋（卷一◎周纪一）

【原文】

威烈王二十三年

初命晋大夫魏斯、赵籍、韩虔为诸侯。

臣光曰：臣闻天子之职莫大于礼，礼莫大于分，分莫大于名。何谓礼？纪纲是也。何谓分？君、臣是也。何谓名？公、侯、卿、大夫是也。

夫以四海之广，兆民之众，受制于一人。虽有绝伦之力，高世之智，莫敢不奔走而服役者，岂非以礼为之纲纪哉！是故天子统三公，三公率诸侯，诸侯制卿大夫，卿大夫治士庶人。贵以临贱，贱以承贵。上之使下犹心腹之运手足，根本之制支叶，下之事上犹手足之卫心腹，支叶之庇本根，然后能上下相保而国家治安。故曰：天子之职莫大于礼也。

【译文】

威烈王二十三年（戊寅，公元前403年）

周威烈王姬午正式分封晋国大夫魏斯、赵籍、韩虔为诸侯国君。

司马光说：我明白国君最重要的职责是维护礼教，而礼教最重要的是区分地位，区分地位中最重要的是匡正名分。什么是礼呢？礼就是法度和准则。什么是区分地位呢？分就是君臣之分。什么是名分？就是公、侯、卿、大夫等官爵。

天地之大，无数子民，都要被国君一人所管控。就算是智慧绝伦、才能超群之人，也要在国君手下为他奔走服务，难道这不是以礼作为礼纪朝纲的作用吗！因此，国君统治三公，三公统率诸侯，诸侯节制卿、大夫官员，卿、大夫官员又统率黎民百姓。权贵统治贱民，贱民服从权贵。上级指挥下级，就像人的大脑控制支配四肢行动，树木的干与根支配枝和叶；下级奉事上级，就像人的四肢护卫心腹，树木的枝和叶维护根和干。这样才能上下级彼此保护，才能让国家得到安定。所以说，国君的职责就应该是维护法度和准则，没有比这更重要的了。

【原文】

文王序《易》，以乾、坤为首。孔子系之曰："天尊地卑，乾坤定矣。卑高以陈，贵贱位矣。”言君臣之位犹天地之不可易也。《春秋》抑诸侯，尊王室，王人虽微，序于诸侯之上，以是见圣人于君臣之际未尝不惓惓也。非有桀、纣之暴，汤、武之仁，人归之，天命之，君臣之分当守节伏死而已矣。是故以微子而代纣则成汤配天矣，以季札而君吴则太伯血食矣，然二子宁亡国而不为者，诚以礼之大节不可乱也。故曰：礼莫大于分也。

【译文】

周文王演绎排列《周易》，以乾、坤为首。孔子在系辞中就文王的排列进一步解释说：“天尊贵，地卑下，江山局势便安定了。由低到高排列有序，地位高低也就各得其位。”这是说国君和臣子之间的关系就像天和地一样不能改变。《春秋》一书贬低诸侯，尊崇周王室，周王室的权力十分微弱，在书中的排列顺序仍然还在诸侯之上，可见孔子对于君臣之间的关系是非常关注的。要不是有商纣、夏桀那样的暴虐，商汤、周武王那样的大仁大义，让百姓归心、上天赐命的话，君臣间的名分只能是做臣子的恪守臣节，矢志不渝。因此如果商朝立贤明的微子为国君来替代纣王，成汤创建的商朝就可以永配上天；如果吴国以仁德的季札做君王，开国之君太伯也可以永享祭祀。但微子、季札他们两人宁愿国家灭亡也不愿意做君王，都是因为礼教的大节绝不可因此而破

坏。所以说，礼教中最重要的就是君臣之分。

【原文】

夫礼，辨贵贱，序亲疏，裁群物，制庶事，非名不著，非器不形；名以命之，器以别之，然后上下粲然有伦，此礼之大经也。名器既亡，则礼安得独在哉！昔仲叔于奚有功于卫，辞邑而请繁缨，孔子以为不如多与之邑。惟名与器，不可以假人，君之所司也；政亡则国家从之。卫君待孔子而为政，孔子欲先正名，以为名不正则民无所措手足。夫繁缨，小物也，而孔子惜之；正名，细务也，而孔子先之；诚以名器既乱则上下无以相保故也。夫事未有不生于微而成于著，圣人之虑远，故能谨其微而治之；众人之识近，故必待其著而后救之；治其微则用力寡而功多，救其著则竭力而不能及也。《易》曰："履霜坚冰至。"《书》曰："一日二日万几"，谓此类也。故曰：分莫大于名也。

【译文】

所谓礼教，在于分辨地位的高低，排比亲近和疏远，裁决宇宙间的一切事物或现象，处理日常事务。如果没有一定的名位，就不能显扬；没有器物，就不能表现。只有用名位分别称呼，用器物来分别标志，才能达到上下井然有序，这就是礼教的基本所在。如果名位、器物都没有，那么礼教又怎么能独自存在呢？当年仲叔于奚为卫国建立了大功，他拒绝了赏赐给他的封地，但请求允许他享用贵族才应有的马饰，孔子认为还不如多赐给他一些封地。只有名位和器物绝不能授予他人，这是君王的职权象征。如果处理政事没有原则，国家就会走向危亡。卫国君王希望孔子能为他处理政事，孔子却先要确立名位，孔子认为如果名位不正，则百姓无所适从。马饰，是一种小器物，但孔子却非常珍惜它的价值；正名位，是一件小事情，但孔子却要先从它做起。这些就是因为器物、名位一旦紊乱，国家自上而下就没有办法相安互保。没有一件事情不是从微小之处产生而逐渐发展显著的，圣贤能考虑得长远，所以就能谨慎对待微小的变故并及时处理；常人见识短浅，所以等弊端闹大才来想办法挽救。矫正刚开始的小错，用力小而收效大；挽救已明显的大害，往往是竭尽全力也不能成功。《易经》说：“行于霜上，知严寒冰冻将至。”《尚书》说：“先王每天都要兢兢业业地处理成千上万件事情。”就是指这类防微杜渐的例子。所以说，区分地位高下最重要的就是匡正各个等级的名分。

【原文】

呜呼！幽、厉失德，周道日衰，纲纪散坏，下陵上替，诸侯专征，大夫擅政，礼之大体什丧七八矣。然文、武之祀犹绵绵相属者，盖以周之子孙尚能守其名分故也。何以言之？昔晋文公有大功于王室，请隧于襄王，襄王不许，曰：“王章也。未有代德而有二王，亦叔父之所恶也。不然，叔父有地而隧，又何请焉！”文公于是惧而不敢违。是故以周之地则不大于曹、滕，以周之民则不众于邾、莒，然历数百年，宗主天下，虽以晋、楚、齐、秦之强不敢加者，何哉？徒以名分尚存故也。至于季氏之于鲁，田常之于齐，白公之于楚，智伯之于晋，其势皆足以逐君而自为，然而卒不敢者，岂其力不足而心不忍哉？乃畏奸名犯分而天下共诛之也。今晋大夫暴蔑其君，剖分晋国，天子既不能讨，又宠秩之，使列于诸侯，是区区之名分复不能守而并弃之也。先王之礼于斯尽矣！

【译文】

鸣呼！周幽王、周厉王丧失君德，周朝的气数每况愈下。礼纪朝纲土崩瓦解，上衰败，下欺凌，诸侯国君恣意征讨他人，士大夫干预朝政，礼教的十之八九已经沦丧了。但周文王、周武王开创的政权还能绵绵不断地延续到后代，就因为周王朝的子孙后裔能守定名位。为什么这样说呢？当年晋文公为周朝建立了大功，于是向周襄王请求允许他死后享用天子的隧礼，周襄王没有答应他，说：“隧礼是为了彰显王者异于诸侯。没有改朝换代而有两个天子，这也是作为叔父的您所反对的。不然的话，叔父您有土地，愿意怎么安葬就怎么安葬，又为什么要来请示我呢？”于是晋文公感到畏惧而未敢违反礼制。所以，周王室的地方并不比曹国、滕国大，管辖的臣民、百姓也没有郲国、莒国多，然而已经过了几百年，依然是天下的宗主，即使是晋、楚、齐、秦那样的大国、强国也还不敢凌驾于其上，这是为什么呢？是因为周王还保有天子名分的缘故呀。再看看鲁国的大夫季氏、齐国的田常、楚国的白公胜、晋国的智伯，他们的势力都大得足以驱逐国君而自立，但是他们没有那样做，难道是因为他们的力量还不够或者是不忍心吗？只不过是因为害怕奸夺名位、僭犯身份而招致天下的讨伐罢了。现在晋国的三家权贵大夫蔑视欺凌国君，瓜分了晋国土地，身为天子的周王不能派兵征讨，还给他们加官封爵，让他们列位诸侯，这样做就让周王朝仅有的名分不能再保住而被全部丢弃了。周朝先王的礼制到此丧失得一干二净！

【原文】

或者以为当是之时，周室微弱，三晋强盛，虽欲勿许，其可得乎？是大不然。夫三晋虽强，苟不顾天下之诛而犯义侵礼，则不请于天子而自立矣。不请于天子而自立，则为悖逆之臣，天下苟有桓、文之君，必奉礼义而征之。今请于天子而天子许之，是受天子之命而为诸侯也，谁得而讨之！故三晋之列于诸侯，非三晋之坏礼，乃天子自坏之也。

呜呼！君臣之礼既坏矣，则天下以智力相雄长，遂使圣贤之后为诸侯者，社稷无不泯绝，生民之类糜灭几尽，岂不哀哉！

【译文】

有人认为当时周王室已经衰败了，但晋国三家力量强盛，就算周王不想承认他们，又怎能做得到呢？这种说法是很不对的。晋国三家虽然强盛，但是如果他们打算不顾天下的指责而违背礼义的话，一定不会来请求周王的批准，而是自己自立为诸侯了。不向周王请封而自立为诸侯，就是叛逆之臣，如果天下有像晋文公、齐桓公那样的贤德国君，肯定会尊奉礼义对他们进行征讨。现在晋国三家向周王请封，周王又准许了。他们是奉了周王之命成为公认的诸侯，又有谁能对他们加以讨伐呢？所以晋国三家大夫成为诸侯，并不是韩、赵、魏三家破坏了礼制，而是周王自己把周朝的礼制破坏了！

呜呼！君臣间的礼仪既然已经不存在了，于是天下便以武力、智谋开始互相争霸，让当年受周先王分封而成为诸侯国君的圣贤后裔和江山相继沦亡，周朝的子民灭亡殆尽，岂不哀伤！

【原文】

初，智宣子将以瑶为后。智果曰：“不如宵也。瑶之贤于人者五，其不逮者一也。美鬓长大则贤，射御足力则贤，伎艺毕给则贤，巧文辩惠则贤，强毅果敢则贤；如是而甚不仁。夫以其五贤陵人而以不仁行之，其谁能待之？若果立瑶也，智宗必灭。”弗听，智果别族[①]于太史，为辅氏。

赵简子之子，长曰伯鲁，幼曰无恤。将置后，不知所立，乃书训戒之辞于二简，以授二子曰：“谨识之。”三年而问之，伯鲁不能举其辞；求其简，已失之矣。问无恤，诵其辞甚习；求其简，出诸袖中而奏之。于是简子以无恤为贤，立以为后。

简子使尹铎为晋阳，请曰：“以为茧丝[②]乎？抑为保障[③]乎？”简子曰：“保障哉！”尹铎损其户数。简子谓无恤曰：“晋国有难，而无以尹铎为少，无以晋阳为远，必以为归。”

及智宣子卒，智襄子为政，与韩康子、魏桓子宴于蓝台。智伯戏康子而侮段规。智国闻之，谏曰：“主不备难，难必至矣！”智伯曰：“难将由我。我不为难，谁敢兴之！”对曰：“不然。《夏书》有之：‘一人三失，怨岂在明，不见是图。’夫君子能勤小物，故无大患。今主一宴而耻人之君相，又弗备，曰‘不敢兴难’，无乃不可乎！蜹、蚁、蜂、虿，皆能害人，况君相乎！”弗听。

【注释】

①别族：从智氏宗族分出，另立族姓。

②茧丝：指敛取人民的财物像抽丝一样，不抽尽就不停止。

③保障：指待民宽厚，少敛取财物，犹如筑堡为屏障一样。

【译文】

当初，晋国国卿智宣子想立智瑶为继承人。族人智果说："智瑶不如智宵。智瑶有超越他人的五个优点，但他还有一个缺点。须发漂亮、身材高大是长处，精于射箭驾车是长处，技艺精湛是长处，能言善辩是长处，坚毅果断是长处，但是他却十分不仁厚。如果他以五个优点来欺压别人而做不仁义之事，又有谁会与他和睦相处？如果真要立智瑶为继承人，那么智氏宗族肯定会灭亡的。"智宣子没有听智果的劝说，智果便向太史请求离开智氏家族，另立为辅氏。

晋国的另一位上卿赵简子有两个儿子，大儿子叫伯鲁，小儿子叫无恤。赵简子想要在他们两人中选一位当他的继承人，但不知立哪个儿子好。于是他想试试两个儿子，他把日常训诫言词写在两块竹简上，给大儿子一块，给小儿子一块，嘱咐说："一定要好好记住！"三年过去了，赵简子问两个儿子。大儿子伯鲁没有背出竹简上的话；赵简子问他的竹简在什么地方，伯鲁说已经丢失了。赵简子又问小儿子无恤，无恤把训诫词背得非常熟练；赵简子问他竹简在什么地方，无恤从袖子中拿出献上。于是，赵简子便立无恤为继承人。

赵简子派尹铎去治理其属邑晋阳（今山西太原），尹铎临行前请示说："您是想让我去抽丝剥茧般地搜刮财富，还是作为未来的保障之地呢？"赵简子说："当然是作为未来的保障之地。"尹铎便少算居民户数，减轻赋税。赵简子又对小儿子无恤说："如果晋国发生动乱，你不要嫌弃尹铎地位不高，不要怕晋阳的路途太遥远，要以那里作为自己的依托。"

智宣子死后，智襄子智瑶掌管晋国朝政，与晋国上卿韩康子、魏桓子，在蓝台上喝酒。喝酒的时候智瑶戏弄了韩康子，还侮辱了他的家相段规。智瑶的家臣智国听说了这件事，就劝告智瑶说："主公您不防备灾祸，灾祸就肯定会来！"智瑶说："他们的生死都是由我决定。我不给他们带来灾祸，谁又能兴风作浪！"智国又说："这话不对。《夏书》中说：'一个人屡次犯错误，结下的仇怨岂能在明处？应该在它没有表现时就提防。'贤德之人能谨慎地处理任何小事，所以不会招来灾祸。主公现在得罪了人家的臣相和主君，但又不防备他们的报复，还说'谁敢兴风作浪'，这种态度恐怕不行吧！蚊子、蚂蚁、蜜蜂、蝎子都能害人，更何况是掌握权力的人呢！"智瑶不听智国的劝说。

【原文】

智伯请地于韩康子，康子欲弗与。段规曰："智伯好利而愎，不与，将伐我；不如与之。彼狃于得地，必请于他人；他人不与，必向之以兵，然后我得免于患而待事之变矣。"康子曰："善。"使使者致万家之邑于智伯。智伯悦。又求地于魏桓子，桓子欲弗与。任章曰："何故弗与？"桓子曰："无故索地，故弗与。"任章曰："无故索地，诸大夫必惧；吾与之地，智伯必骄。彼骄而轻敌，此惧而相亲；以相亲之兵待轻敌之人，智氏之命必不长矣。《周书》曰：'将欲败之，必姑辅之。将欲取之，必姑与之。'主不如与之，以骄智伯，然后可以择交而图智氏矣。奈何独以吾为智氏质乎！"桓子曰："善。"复与之万家之邑一。

智伯又求蔡、皋狼之地于赵襄子，襄子弗与。智伯怒，帅韩、魏之甲以攻赵氏。襄子将出，曰："吾何走乎？"从者曰："长子近，且城厚完。"襄子曰："民罢力以完之，又毙死以守之，其谁与我！"从者曰："邯郸之仓库实。"襄子曰："浚民之膏泽以实之，又因而杀之，其谁与我！其晋阳乎，先主之所属也，尹铎之所宽也，民必和矣。"乃走晋阳。

【译文】

智瑶让韩康子向他贡奉领土，韩康子不想给他。段规进言劝说："智瑶好利贪财，又刚愎自用，如果不给他，他肯定会讨伐我们，我们姑且先给他。他得到土地后就会更加狂妄，肯定会向别人索要；如果别人不给他，他一定会向人动用武力。如果这样，我们就可以免于灾祸而看时机行动了。"韩康子说："真是一个好主意。"便命人去送上有万户居民的城邑，智瑶非常高兴。果然他又向魏桓子提出索要土地的要求，魏桓子不想给。宰相任章问："为什么不给他呢？"魏桓子说："无缘无故地向我索要土地，所以我不能给。"任章说："智瑶无缘无故向他人索要土地，肯定会引起别的大夫的恐惧；我们给智瑶土地，他肯定会骄傲。他骄傲便会轻敌，我们则因恐惧而相互团结。用精诚团结之兵来讨伐这狂妄轻敌的家伙，他的性命就不会长久了。《周书》说：'想要败坏他，姑且先帮他的忙；想要占有他，姑且先给他点儿甜头。'不如主人现在先给他，好让智瑶骄傲，然后再找交情深厚的人，一起想办法对付智瑶。为什么我们要单独作为智瑶攻击的对象呢！"桓子说："实在太好了。"于是给了智瑶一处有万户居民的城邑。

智瑶又向赵襄子索要蔡与皋狼两处土地，赵襄子没有给他。智瑶非常生气，于是带领魏、韩两家的军队去攻打赵襄子。赵襄子想出城躲避，说："我要逃到什么地方才安全呢？"随从的官员建议说："长子县非常近，而且城郭也非常坚固。"赵襄子说："百姓筋疲力竭地去修建城郭，还要拼命防守，还有谁能与我同心合力呢？”随从的官员又说：“邯郸仓储存粮充足，适合前往。”赵襄子说：“所谓存粮充裕，都是由搜刮的民脂民膏而得来，现在又让百姓作战送死，还有谁能和我齐心协力呢！看来也只有去晋阳了，晋阳是先主嘱咐过的，尹铎宽厚爱民，百姓必定团结和睦。”于是赵襄子便决定逃往晋阳。

【原文】

三家以国人围而灌之，城不浸者三版。沈灶产蛙，民无叛意。智伯行水，魏桓子御，韩康子骖乘。智伯曰：“吾乃今知水可以亡人国也。”桓子肘康子，康子履桓子之跗，以汾水可以灌安邑，绛水可以灌平阳也。絺疵谓智伯曰：“韩、魏必反矣。”智伯曰：“子何以知之？”絺疵曰：“以人事知之。夫从韩、魏之兵以攻赵，赵亡，难必及韩、魏矣。今约胜赵而三分其地，城不没者三版，人马相食，城降有日，而二子无喜志，有忧色，是非反而何？”明日，智伯以絺疵之言告二子，二子曰：“此夫谗人欲为赵氏游说，使主疑于二家而懈于攻赵氏也。不然，夫二家岂不利朝夕分赵氏之田，而欲为危难不可成之事乎？”二子出，絺疵入曰：“主何以臣之言告二子也？”智伯曰：“子何以知之？”对曰：“臣见其视臣端而趋疾，知臣得其情故也。”智伯不悛。絺疵请使于齐。

赵襄子使张孟谈潜出见二子，曰：“臣闻唇亡则齿寒。今智伯帅韩、魏而攻赵，赵亡，则韩、魏为之次矣。”二子曰：“我心知其然也，恐事未遂而谋泄，则祸立至矣。”张孟谈曰：“谋出二主之口，入臣之耳，何伤也？”二子乃潜与张孟谈约，为之期日而遣之。襄子夜使人杀守堤之吏，而决水灌智伯军。智伯军救水而乱，韩、魏翼而击之，襄子将卒犯其前，大败智伯之众，遂杀智伯，尽灭智氏之族，唯辅果在。

【译文】

三家的军队把晋阳包围了，还引水灌城，城墙被淹得只剩下六尺高了。锅灶沉没到水里，都生出了蛤蟆，但百姓完全就没有背叛赵襄子的意思。智伯巡视水攻情形，魏桓子驾车居中，韩康子持矛居右。智伯对他们说：“现在我才知道水可以毁灭他人的国家啊！”魏桓子用胳膊碰了碰韩康子，韩康子轻踏魏桓子的脚，暗示智伯也可以利用汾河的水来淹灌安邑，利用绛河的水来淹灌平阳。絺疵对智伯说：“魏、韩两家肯定会叛变的。”智伯说：“你是怎么知道的？”絺疵说：“我是根据所发生的事情推断出来的。我们统率韩、魏的兵来攻打赵氏，赵氏灭亡了，灾祸必定会波及韩、魏。现在约定战胜赵氏后，三家平分他们的土地，此时城墙被水淹得只剩下六尺，城中的粮食已经用没了，人吃马肉，此城

投降指日可待，但是他们两个人不但没有高兴的神情，还面带忧伤的模样，这不是要反叛是什么呢？”第二天，智伯把絺疵的话告诉了他们两位，他们解释说：“絺疵这个人就会在背后讲别人的坏话，事实上他是想替赵氏游说，让主人疑惑我们两家不忠，然后让你松懈攻打赵氏的斗志。我们哪里会不想尽快平分赵氏的田产，而要去做危险甚至没有希望成功的事呢?”两人出去后，絺疵进来说：“主人为什么把我的话对他们两人说呢?”智伯说：“你是怎么知道的?”絺疵说：“我在他们看我的眼神中猜到的，他们步伐匆忙，就知道他们的心情了!”智伯没听絺疵的劝说。絺疵为了躲避灾祸，请求出使齐国。

赵襄子派张孟谈暗中出城晋见魏桓子、韩康子两人，说：“我听说唇亡则齿寒。现在智伯率领韩、魏的军队进攻赵氏，赵亡之后，韩、魏就是下一个目标了。”他们两人说：

“我们早就知道了。只是怕事情还没有办成而计划先泄露，那么杀身之祸就会到来了。”张孟谈说：“此计出于两家主人的口，入于为臣的耳，还有什么可怕的呢？”两人于是暗中和张孟谈约定，还商量好起事的时间，然后把他送走。等到了约定的时间，赵襄子乘夜命人杀死守堤的官员，开河水倒灌智伯的军队。智伯的军队因被水淹乱成一片，韩、魏两家从两翼夹攻，赵襄子率领士卒从正面攻击，大败智伯的军队。他们杀死了智伯，把智氏家族的人都杀死了，唯有智果得以幸免。

【原文】

三家[1]分智氏之田。赵襄子漆[2]智伯之头，以为饮器。智伯之臣豫让欲为之报仇，乃诈为刑人，挟匕首，入襄子宫中涂厕。襄子如厕心动，索之，获豫让。左右欲杀之，襄子曰："智伯死无后，而此人欲为报仇，真义士也！吾谨避之耳。"乃舍之。豫让又漆身为癞，吞炭为哑，行乞于市，其妻不识也。行见其友，其友识之，为之泣曰："以子之才，臣事赵孟，必得近幸。子乃为所欲为，顾不易邪？何乃自苦如此！求以报仇，不亦难乎？"豫让曰："既已委质为臣，而又求杀之，是二心也。凡吾所为者，极难耳。然所以为此者，将以愧天下后世之为人臣怀二心者也。"襄子出，豫让伏于桥下。襄子至桥，马惊；索之，得豫让，遂杀之。

襄子为伯鲁之不立也，有子五人，不肯置后。封伯鲁之子于代，曰代成君，早卒；立其子浣为赵氏后。襄子卒，弟桓子逐浣而自立，一年卒。赵氏之人曰："桓子立，非襄主意。"乃共杀其子，复迎浣而立之，是为献子。献子生籍，是为烈侯。魏斯者，魏桓子之孙也，是为文侯。韩康子生武子；武子生虔，是为景侯。

【注释】

①三家：指原来晋国的韩、赵、魏三家。周威烈王二十三年（公元前403年），韩、赵、魏三家共同出兵消灭了智氏，周天子只好承认三家的诸侯地位，自此，中国的历史进入了战国时代。

②漆：名词作动词，用油涂到物体上。

【译文】

韩、赵、魏三家把智氏的领土瓜分了。赵襄子把智瑶的头骨涂上漆，作为饮具。智瑶的家臣豫让想为主公复仇，就化装为罪人，怀中放着匕首，混进赵襄子的宫室中涂刷修整厕所。赵襄子上厕所的时候，突然感到心中不安，就马上下令让人搜查，他们把豫让抓获了。下人们要把豫让杀死，赵襄子说："智瑶已死且无后人，但他还要为智瑶报仇，真是一个忠义之士！你们把他放了吧，以后我小心防着他就行了。"于是释放了豫让。豫让又用漆涂身，让全身长满癞疮，又吞下了火炭，把自己的嗓子弄哑，在大街上乞讨，就连结发妻子也没有认出他来。路上遇到朋友，朋友认出了他，为他感慨道："以你的才干，如果投靠赵家，肯定会成为亲信，那时你再为所欲为，难道不容易吗？为什么要如此折磨自己？想这样报仇，不是太难了吗！"豫让说："如果已委身于赵家为臣，再去刺杀他，就是怀有二心。我现在这种做

法，是非常困难的。之所以还要这样干下去，就是为了让天下与后世做人臣子而怀有二心的人感到羞愧。”赵襄子乘车出行，豫让潜伏在桥下。赵襄子到了桥前，马突然惊了，他又让人搜索，捕获了豫让，于是赵襄子就命人把豫让杀死了。

因为赵襄子的父亲赵简子当年没有立自己的哥哥伯鲁为继承人，所以他自己虽然有五个儿子，也不肯立为继承人。他封伯鲁的儿子到代地，称代成君。代成君早逝，又立其子赵浣为赵氏的继承人。赵襄子去世后，弟弟赵桓子驱逐赵浣，自立为国君，刚继位一年就死了。赵家的族人们说：“赵桓子做国君，本来就不是赵襄子的意思。”大家一起杀死了赵桓子的儿子，再把赵浣接回来，拥立为国君，这就是赵献子。赵献子生子名赵籍，就是赵烈侯。魏斯是魏桓子的孙子，就是魏文侯。韩康子生子名韩武子，武子又生韩虔，就是韩景侯。

【原文】

魏文侯以卜子夏、田子方为师，每过段干木之庐必式。四方贤士多归之。

文侯与群臣饮酒，乐，而天雨，命驾将适野。左右曰：“今日饮酒乐，天又雨，君将安之？”文侯曰：“吾与虞人期猎，虽乐，岂可无一会期哉！”乃往，身自罢之。

韩借师于魏以伐赵。文侯曰："寡人与赵，兄弟也，不敢闻命。"赵借师于魏以伐韩，文侯应之亦然。二国皆怒而去。已而知文侯以讲于己也，皆朝于魏。魏由是始大于三晋，诸侯莫能与之争。

使乐羊伐中山，克之，以封其子击。文侯问于群臣曰："我何如主？"皆曰："仁君。"任座曰："君得中山，不以封君之弟而以封君之子，何谓仁君？"文侯怒，任座趋出。次问翟璜，对曰："仁君。"文侯曰："何以知之？"对曰："臣闻君仁则臣直。向者任座之言直，臣是以知之。"文侯悦，使翟璜召任座而反之，亲下堂迎之，以为上客。

【译文】

魏文侯尊卜子夏、田子方为师，每次他经过名士段干木的住宅，都要在车上俯首行礼。四方贤才德士有很多都来归顺于他。

魏文侯与众臣饮酒，十分快乐。天下起了大雨，魏文侯却下令备车前往山野之中。侍臣们问："现在饮酒正在兴头上，外面还下着大雨，国君想要去什么地方呢？"魏文侯说："我与山野村长约好了今天去打猎，虽然在这里非常快乐，但也不能无视一个约定啊！"于是亲自前去告知停猎。

韩国向魏国借兵攻打赵国。魏文侯说："我与赵国是兄弟之邦，不能从命。"赵国也前来向魏国借兵讨伐韩国，魏文侯也用同样的理由拒绝了。两国使者都怒气冲冲地离去。后来两国得知魏文侯对自己的和睦态度，都前来朝拜魏国。于是魏国开始成为魏、韩、赵三国之首，各诸侯国都不能与它相争。

魏文侯命乐羊攻打中山国，攻下了中山国，封给了自己的儿子魏击。魏文侯问众大臣："我是一位什么样的君主?"大家都说："您是仁德的君主!"任座却说："国君您得到了中山国，不用来封赏您的弟弟，却封给你的儿子，这算什么仁德君主!"魏文侯听后非常生气，任座看情况不妙便赶紧离开了。魏文侯又问翟璜，翟璜回答说："您是一位仁德的君主。"魏文侯问："你怎么知道?"翟璜回答说："我听说国君仁德，他的臣子就敢直言。刚才任座的话就非常耿直，所以我才知道您是一位非常仁德的君主。"魏文侯听后非常高兴，派翟璜把任座召回来，并亲自下堂迎接他，待以上宾之礼。

【原文】

文侯与田子方饮，文侯曰："钟声不比乎？左高。"田子方笑。文侯曰："何笑?"子方曰："臣闻之，君明乐官，不明乐音。今君审于音，臣恐其聋于官也。"文侯曰："善。"

子击出，遭田子方于道，下车伏谒。子方不为礼。子击怒，谓子方曰："富贵者骄人乎？贫贱者骄人乎？"子方曰："亦贫贱者骄人耳，富贵者安敢骄人？国君而骄人则失其国，大夫而骄人则失其家。失其国者未闻有以国待之者也，失其家者未闻有以家待之者也。夫士贫贱者，言不用，行不合，则纳履而去耳，安往而不得贫贱哉！"子击乃谢之。

文侯谓李克曰："先生尝有言曰：'家贫思良妻，国乱思良相。'今所置非成则璜，二子何如？"对曰："卑不谋尊，疏不谋戚。臣在阙门之外，不敢当命。"文侯曰："先生临事勿让。"克曰："君弗察故也。居视其所亲，富视其所与，达视其所举，穷视其所不为，贫视其所不取，五者足以定之矣，何待克哉！"文侯曰："先生就舍，吾之相定矣。"李克出，见翟璜。翟璜曰："今者闻君召先生而卜相，果谁为之？"克曰："魏成。"翟璜忿然作色曰："西河守吴起，臣所进也。君内以邺为忧，臣进西门豹。君欲伐中山，臣进乐羊。中山已拔，无使守之，臣进先生。君之子无傅，臣进屈侯鲋。以耳目之所睹记，臣何负于魏成！"李克曰："子言克于子之君者，岂将比周以求大官哉？君问相于克，克之对如是。所以知君之必相魏成者，魏成食禄千钟，什九在外，什一在内；是以东得卜子夏、田子方、段干木。此三人者，君皆师之；子所进五人者，君皆臣之。子恶得与魏成比也！"翟璜逡巡再拜曰："璜，鄙人也，失对，愿卒为弟子。"

【译文】

魏文侯和田子方一起喝酒。文侯说："钟声不调和吗？是不是左边的挂高了。"田子方微微地笑了笑。文侯说："你在笑什么？"子方说："臣听说，国君应该了解乐官的才与不才，不用了解乐音的和与不和。现在君上明辨乐音的和声，恐怕会疏忽乐官的才能啊。"文侯说："你说得非常常对。"

魏文侯的儿子魏击外出办事，路上遇到了田子方，便下车伏地谒见。子方没有向子击回礼，子击非常生气，对子方说："是富贵的应该待人骄傲呢，还是贫贱的应该待人骄傲？"子方说："当然是贫贱的才有资格对人骄傲，富贵的怎么敢向别人骄傲呢？如果国君对人骄傲就会失去他的家国，大夫对人骄傲就会失去他的家。失去家国的，没有人会以国君来看待他；失去家的，没有人会以家君来看待他。而贫贱的士人，如果谏言不被采用，行事与主人有所不和，穿上鞋子就走了，不管到什么地方，也都是过着贫贱的生活！"子击听后，便向他谢罪。

魏文侯对李克说："先生以前曾说过：'家贫就想到良妻，国乱就想到良相。'现在设置宰相，不是魏成就是翟璜，你看他们两位怎么样？"李克回答说："卑下的人不参议立尊长的事，疏远的人不参议亲近者的事。臣以在朝外任职的身份，实不敢应命。”文侯说：“这是国家大事，先生就不用客气了！”李克说：“君王您只是疏于观察。如果对于一个人，平常时观察和他亲近的人，有钱时观察和他交往的人，显达时注意他保举的人，贫困时观察他有所不为的操守，贫贱时观察他谋取的态度，从以上这五个角度，就能判断一个人是好还是坏，为什么还要与我商量呢！”文侯点点头说：“先生你回去吧，我已经想好宰相是由谁来担任了。”李克拜别出来，碰到了翟璜。翟璜说：“我听说刚才君王召见先生谈委任宰相之事，不知谁能担任？”李克回答他说：“是魏成。”翟璜听后满脸不高兴的模样，说：“防守西河的吴起，是臣推荐的；邺县民生疾苦，君上常引以为忧，臣推荐了西门豹去治邺；君上想攻打中山，臣推荐乐羊；中山攻占后无人防守，臣推荐先生；君上的儿子没有老师教导，臣推荐屈侯鲋。从这些事情来看，我什么地方比不上魏成！”李克说：“你推荐我给君上，难道是想结党营私做大官吗？国君问我，宰相由谁来担任比较妥当，我回答国君的话和你是一样的。我知道君上必任魏成为宰相，是因为魏成的俸禄有千钟，但其中十分有九分使用在外，十分之一用于自己，所以他在东边结交田子方、段干木、卜子夏。这三位，国君都把他们当作老师；而你所举荐的五个人，国君都任用为臣属。你怎么能与魏成相比呢！”翟璜听了，惭愧地后退一步，再向李克行礼说：“我翟璜是个粗鄙的人，失礼了，我愿终身做您的弟子！”

【原文】

吴起者，卫人，仕于鲁。齐人伐鲁，鲁人欲以为将，起取齐女为妻，鲁人疑之，起杀妻以求将，大破齐师。或谮[①]之鲁侯曰："起始事曾参，母死不奔丧，曾参绝之；今又杀妻以求为君将。起，残忍薄行人也！且以鲁国区区而有胜敌之名，则诸侯图鲁矣。"起恐得罪，闻魏文侯贤，乃往归之。文侯问诸李克，李克曰："起贪而好色，然用兵，司马穰苴弗能过也。"于是文侯以为将，击秦，拔五城。

起之为将，与士卒最下者同衣食，卧不设席，行不骑乘，亲裹赢[②]粮，与士卒分劳苦。卒有病疽者，起为吮之。卒母闻而哭之。人曰："子，卒也，而将军自吮其疽，何哭为？"母曰："非然也。往年吴公吮其父疽，其父战不旋踵，遂死于敌。吴公今又吮其子，妾不知其死所矣，是以哭之。"

【注释】

①谮：造谣中伤。

②赢：负担。

【译文】

吴起是卫国人，在鲁国当官。齐国进攻鲁国，鲁国想让吴起为大将，但吴起的妻子是齐国人，鲁国对吴起有了疑心。于是，吴起就把自己的妻子杀死，求得大将，率鲁国军队大败齐国军队。有人在鲁国国君面前攻击他说：“吴起当初曾师事曾参，母亲去世也不回去哭丧，所以曾参与他断绝了关系。现在他又杀死妻子来求得大将之职。吴起真是一个残忍无情的人！我们小小的鲁国有了战胜齐国的名气，以后大国都会来算计鲁国的。”吴起怕鲁国会治他的罪，又听说魏文侯贤明，就去投奔魏文侯。魏文侯征求李克的意见，李克说：“吴起为人贪婪好色，但是他用兵打仗，连齐国的大将司马穰苴也不能胜过他。”于是魏文侯任命吴起为大将，攻打秦国，结果夺下了五座城池。

吴起作为大将，和最底层的士兵穿一样的衣服，吃一样的饭菜，睡觉不铺席，行军不骑马，自己的背上也挑着粮食，与士兵们共同分担疾苦。有一位士兵身上患了毒疮，吴起亲自为他吸吮脓血。士兵的母亲听说后却大声痛哭。有人感到奇怪，便问：“你的儿子是个士兵，但吴起将军亲自为他吸吮脓血，你为什么还哭？”士兵的母亲回答说：“并不是这样的。当年吴将军为孩子的父亲也吸过脓血，孩子的父亲作战时有进无退，结果战死在沙场上了。吴将军现在又为我的儿子吸脓血，我不知道他会死在哪里，所以我才哭泣。”

桂陵之战（卷二◎周纪二）

【原文】

显王十六年

齐威王使田忌救赵。

初，孙膑与庞涓俱学兵法，庞涓仕魏为将军，自以能不及孙膑，乃召之；至，则以法断其两足而黥[①]之，欲使终身废弃。齐使者至魏，孙膑以刑徒阴见，说齐使者。齐使者窃载与之齐。田忌善而客待之，进于威王。威王问兵法，遂以为师。于是威王谋救赵，以孙膑为将；辞以刑馀之人不可，乃以田忌为将而孙子为师，居辎车中，坐为计谋。

田忌欲引兵之赵。孙子曰："夫解杂乱纷纠者不控拳，救斗者不搏撠。批亢捣虚，形格势禁，则自为解耳。今梁、赵相攻，轻兵锐卒必竭于外，老弱疲于内。子不若引兵疾走魏都，据其街路，冲其方虚，彼必释赵以自救，是我一举解赵之围而收弊于魏也。”田忌从之。十月，邯郸降魏。魏师还，与齐战于桂陵，魏师大败。

【注释】

①黥：在脸上刺字的一种刑罚。

【译文】

周显王十六年（戊辰，公元前353年）

齐威王派田忌去援救赵国。

以前，庞涓和孙膑一起学习兵法。庞涓在魏国当了将军，他觉得自己的才能不如孙膑，便召孙膑前来魏国。孙膑到了魏国后，庞涓又想出计谋把孙膑的双脚砍断，在孙膑的脸上刺字，想让他终身成为废人。齐国使者来到魏国，孙膑以服刑者的身份暗中联络上使者，并说服了使者。使者偷偷地用车把孙膑带回了齐国。齐国大臣田忌把孙膑奉为上客，又把孙膑推荐给齐威王。齐威王向孙膑请教兵法，于是拜孙膑为老师。齐威王正计划出兵援助赵国，就让孙膑担任大将，孙膑以自己是受过刑的残疾之人辞谢。齐威王便以田忌为大将，孙膑为军师，让孙膑在车里坐着为田忌出主意。

田忌准备带兵前往赵国。孙膑说：“排解杂乱的纠纷，不能用拳脚去击打；平息殴斗，不能上手去拘持。只能因势利导，乘虚而入，紧张的形势就自然化解了。现在魏、赵两国攻战正酣，精兵锐卒倾巢而出，国中只剩下老弱病残。您不如率军快速奔袭魏国都城，占据交通要道，冲击他们空虚的后方，魏军肯定会放弃向赵国进攻而回兵自救。这样我们就能一举两得，既解了赵国之围，又给魏国一个沉重的打击。”田忌听从了孙膑的计策。十月，赵国的邯郸城投降了魏国。魏军还师救助国内，在桂陵与齐国军队激战，魏军大败。

六国合纵（卷三◎周纪三）

【原文】

赧王上四年

秦惠王使人告楚怀王，请以武关之外易黔中地。楚王曰："不愿易地，愿得张仪而献黔中地。"张仪闻之，请行。王曰："楚将甘心于子，奈何行？"张仪曰："秦强楚弱，大王在，楚不宜敢取臣。且臣善其嬖臣靳尚，靳尚得事幸姬郑袖，袖之言，王无不听者。"遂往。楚王囚，将杀之。靳尚谓郑袖曰："秦王甚爱张仪，将以上庸六县及美女赎之。王重地尊秦，秦女必贵而夫人斥矣。"于是郑袖日夜泣于楚王曰："臣各为其主耳。今杀张仪，秦必大怒。妾请子母俱迁江南，毋为秦所鱼肉也！"王乃赦张仪而厚礼之。张仪因说楚王曰："夫为从者无以异于驱群羊而攻猛虎，不格明矣。今王不事秦，秦劫韩驱梁而攻楚，则楚危矣。秦西有巴、

蜀，治船积粟，浮岷江而下，一日行五百馀里，不至十日而拒扞关，扞关惊则从境以东尽城守矣，黔中、巫郡非王之有。秦举甲出武关，则北地绝。秦兵之攻楚也，危难在三月之内，而楚待诸侯之救在半岁之外。夫待弱国之救，忘强秦之祸，此臣所为大王患也。大王诚能听臣，请令秦、楚长为兄弟之国，无相攻伐。”楚王已得张仪而重出黔中地，乃许之。

张仪遂之韩，说韩王曰：“韩地险恶山居，五谷所生，非菽而麦，国无二岁之食，见卒不过二十万。秦被甲百馀万。山东之士被甲蒙胄以会战，秦人捐甲徒裼以趋敌，左挈人头，右挟生虏。夫战孟贲、乌获之士以攻不服之弱国，无异垂千钧之重于鸟卵之上，必无幸矣。大王不事秦，秦下甲据宜阳，塞成皋，则王之国分矣。鸿台之宫，桑林之苑，非王之有也。为大王计，莫如事秦以攻楚，以转祸而悦秦，计无便于此者！”韩王许之。

【译文】

周赧王四年（庚戌，公元前311年）

秦惠王命人告诉楚怀王，希望用武关外的土地和他交换黔中。楚怀王说：“我不愿意交换土地，我只要得到张仪，自然就会双手奉上黔中。”张仪听说了这件事，便请求秦惠王派他去。秦惠王说：“楚国要杀你，我怎么能让你去呢？”

张仪说："现在秦国强盛而楚国衰弱，只要有大王在，楚国还不敢杀我。而且我还与楚王的宠臣靳尚十分友好，靳尚伺候楚王的爱妾郑袖，对于郑袖的话楚王无一不从。"于是张仪便前往楚国。张仪到了楚国，楚王把他囚禁了起来，想把他杀了。靳尚对郑袖说："秦王十分宠信张仪，想用上庸六县和美女把张仪交换回去。如果君王重视土地，尊重秦国，必定会宠爱秦国女子而疏远夫人。"于是郑袖便整天对楚王哭泣说："当臣子的不过为其主上奔走罢了。如果现在把张仪给杀了，秦王肯定会非常生气。所以请求大王准许我们母子迁往江南，以免被秦国杀害啊！"楚怀王于是便赦免了张仪，并以厚礼相待。张仪劝说楚怀王道："想要联合各国去抗秦，就好像是赶着羊群去攻打猛虎，根本就是死路一条。大王现在您不愿臣服秦国，如果秦国逼迫韩国、驱使魏国联合起来进攻楚国，那么楚国就会危在旦夕了。秦国西面有巴、蜀两地，备船积粮，乘船沿岷江而下，一天可行五百余里，不到十天就兵临扞关。扞关受到惊扰，则由此以东的各城都要修治守备，黔中、巫郡便不再是大王您的了。如果秦国大举兵甲攻出武关，那么楚国的北部就会被秦国占领。秦兵进攻楚国，楚国的生死存亡只在这三个月之中了，而楚国等待各国的支援要在半年以后。坐等那些小国来救，而忽视了强大的秦国的威胁，我对大王您现在的做法非常担心啊！如果大王真能听取我的建议，我可以让秦国与楚国结为兄弟之邦，从今以后不再互相讨伐。”虽然楚怀王已经得到了张仪，却不舍得拿黔中来交换，便同意了张仪的意见，让他离开了楚国。

张仪又去了韩国，对韩王说：“韩国险峻多山，所产五谷，不是杂麦就是豆子，国家口粮积存已经不够两年，军中士兵也不过二十万，而秦国却有兵甲一百余万。崤山以东的人要披上盔甲才能参战，而秦国人个个赤膊便可上阵迎敌，左手提着人头，右手夹着俘虏。秦国用孟贲、乌获那样的勇士来进攻不愿臣服的弱国，正像将千斤重的大石头压在鸟蛋上，肯定不可幸免。如果大王不愿事奉秦国，那么秦国发兵占领宜阳，扼守成皋，大王的国家就会被弄得四分五裂，鸿台宫、桑林苑，以后就不再是您所拥有的了。为了大王您着想，还不如您与秦国结好，一起进攻楚国，既转嫁了灾祸，又获得了秦国的欢心。我看没有比这再好的办法了！”韩王采纳了张仪的意见。

【原文】

张仪乃北之燕，说燕王曰：“今赵王已入朝，效河间以事秦。大王不事秦，秦下甲云中、九原，驱赵而攻燕，则易水、长城非大王之有也。且今时齐、赵之于秦，犹郡县也，不敢妄举师以攻伐。今王事秦，长无齐、赵之患矣。”燕王请献常山之尾五城以和。

张仪归报，未至咸阳，秦惠王薨，子武王立。武王自为太子时，不说张仪；及即位，群臣多毁短之。诸侯闻仪与秦王有隙，皆畔衡，复合从。

【译文】

张仪向北前往燕国，游说燕王说："现在赵王已经朝见秦王，献出了河间。大王如果不臣服秦国，秦国出兵进攻九原、云中，再逼迫赵国向燕国进攻，那么易水、长城就不再为大王所拥有了。而且现在齐、赵两国对秦国来说，犹如郡县，更不敢轻易出兵进攻其他国家。如果现在大王臣服秦国，齐、赵两国的忧患就会长久解除了。"燕王听后，献上恒山脚下的五座城池来求和。

张仪回国报告秦王，还没有到达咸阳，秦惠王就已经去世了，他的儿子武王即位。武王从做太子时，就非常讨厌张仪。等到武王即位，众臣又都说张仪的坏话。各国诸侯知道张仪和秦王之间的嫌隙，都背叛了连横，再度实行合纵。

鸡鸣狗盗（卷三◎周纪三）

【原文】

赧王上十七年

或谓秦王曰：“孟尝君相秦，必先齐而后秦。秦其危哉！”秦王乃以楼缓为相，囚孟尝君，欲杀之。孟尝君使人求解于秦王幸姬，姬曰：“愿得君狐白裘。”孟尝君有狐白裘，已献之秦王，无以应姬求。客有善为狗盗者，入秦藏中，盗狐白裘以献姬。姬乃为之言于王而遣之。王后悔，使追之。孟尝君至关，关法：鸡鸣而出客，时尚蚤，追者将至，客有善为鸡鸣者，野鸡闻之皆鸣。孟尝君乃得脱归。

楚人告于秦曰：“赖社稷神灵，国有王矣！”秦王怒，发兵出武关击楚，斩首五万，取十六城。

【译文】

周赧王十七年（癸亥，公元前298年）

有人劝说秦王："孟尝君做秦国国相，肯定会先照顾齐国而后才会考虑秦国。现在秦国已经非常危险了！"于是秦王让楼缓担任国相，把孟尝君囚禁了起来，想找机会杀掉他。孟尝君命人向秦王宠爱的姬妾求救，姬妾说："我希望得到你那件白狐皮袍。"孟尝君有一件白狐皮袍，但是已经献给了秦王，他没有办法满足姬妾的要求。他的门客中有一个人善于偷盗，便潜入秦宫的藏库，把那件白狐皮袍盗出，送给了姬妾。姬妾于是替孟尝君说情使秦王放了他。孟尝君走后，秦王感到非常后悔，就命人去追赶孟尝君。孟尝君已经逃到了边关，按照守关制度，要等鸡叫才能放行过客，而现在天色还很早，追赶他的人就快赶到了。孟尝君门客中有人善学鸡叫，四野的鸡一听到他的叫声都引颈长鸣。孟尝君于是得以脱身出关回到了齐国。

楚人告诉秦王说："靠我们祖先的保佑，楚国有君王了。"秦王十分气愤，出兵武关，进击楚国，斩首五万人，攻占了十六座城池。

渑池之会（卷四◎周纪四）

【原文】

赧王中三十六年

秦王使使者告赵王，愿为好会于河外渑池。赵王欲毋行，廉颇、蔺相如计曰："王不行，示赵弱且怯也。"赵王遂行，相如从。廉颇送至境，与王诀曰："王行，度道里会遇之礼毕，还不过三十日，三十日不还，则请立太子以绝秦望。"王许之。

会于渑池，王与赵王饮，酒酣，秦王请赵王鼓瑟，赵王鼓之。蔺相如复请秦王击缶，秦王不肯。相如曰："五步之内，臣请得以颈血溅大王矣！"左右欲刃相如，相如张目叱之，左右皆靡。王不怿，为一击缶。罢酒，秦终不能有加于赵；赵人亦盛为之备，秦不敢动。赵王归国，以蔺相如为上卿，位在廉颇之右。

【译文】

周赧王中三十六年（壬午，公元前279年）。

秦王派使者告诉赵王，希望能和好，并愿意在河外的渑池会盟。赵王听后不想去，廉颇、蔺相如商议后说："大王如果不去，就会显示出赵国势弱胆小。"于是赵王前去渑池参加会盟，由蔺相如随从。廉颇送他们到边境，并在与赵王道别时说："大王此去，预计路程至盟会完毕，不会超过三十天；要是三十天之内还不回来，请允许我立太子为王，以断绝秦国挟持威胁的念头。"赵王答应了他的请求。

双方在渑池会面，秦王和赵王一起喝酒，喝到酣畅之时，秦王请赵王鼓瑟，赵王依言鼓瑟。蔺相如也请秦王击缶，秦王却不愿击缶。相如说："在五步以内，我可以用颈中的血溅到你的身上！"秦王身边的近臣想杀死蔺相如，蔺相如瞪眼呵斥，他们都被蔺相如吓得畏缩不敢上前。秦王只好不情愿地击了一下缶。直到喝完酒，秦国自始至终也无法占到赵国的便宜。赵国人事先也加大了防备，秦国不敢轻举妄动。赵王回国后，任蔺相如为上卿，地位在廉颇之上。

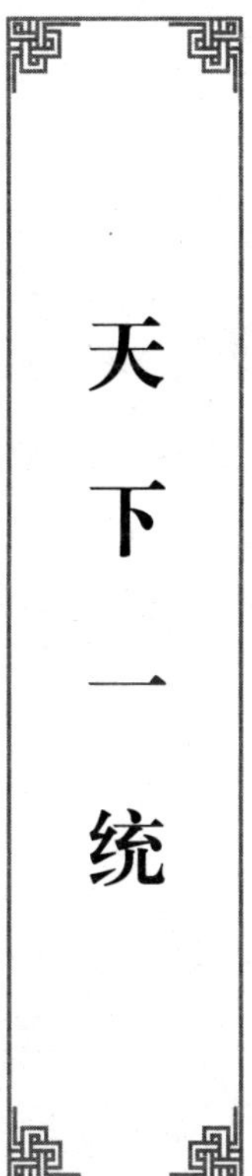

天下一统

范雎罢相（卷六◎秦纪一）

【原文】

昭襄王五十二年

河东守王稽坐与诸侯通，弃市。应侯日以不怿。王临朝而叹，应侯请其故。王曰："今武安君死，而郑安平、王稽等皆畔，内无良将而外多敌国，吾是以忧。"应侯惧，不知所出。

燕客蔡泽闻之，西入秦，先使人宣言于应侯曰："蔡泽，天下雄辩之士。彼见王，必困君而夺君之位。"应侯怒，使人召之。蔡泽见应侯，礼又倨。应侯不快，因让之曰："子宣言欲代我相，请闻其说。"蔡泽曰："吁，君何见之晚也！夫四时之序，成功者去。君独不见夫秦之商君、楚之吴起、越之大夫种，何足愿与？"应侯谬曰："何为不可！此三子者，义之至也，忠之尽也。君子有杀身以成名，死无所恨！"

蔡泽曰："夫人立功，岂不期于成全邪？身名俱全者，上也；名可法而身死者，次也；名僇辱而身全者，下也。夫商君、吴起、大夫种，其为人臣尽忠致功，则可愿矣。闳夭、周公，岂不亦忠且圣乎？三子之可愿，孰与闳夭、周公哉？"应侯曰："善。"蔡泽曰："然则君之主惇厚旧故，不倍功臣，孰与孝公、楚王、越王？"曰："未知何如。"蔡泽曰："君之功能孰与三子？"曰："不若。"蔡泽曰："然则君身不退，患恐甚于三子矣。语曰：'日中则移，月满则亏。'进退赢缩，与时变化，圣人之道也。今君之怨已雠而德已报，意欲至矣而无变计，窃为君危之。"应侯遂延以为上客，因荐于王。王召与语，大悦，拜为客卿。应侯因谢病免。王新悦蔡泽计画，遂以为相国。泽为相数月，免。

【译文】

秦昭襄王五十二年（丙午，公元前255年）

秦国河东郡郡守王稽被指控与其他诸侯国勾结，被判处弃市之刑，暴尸街头。应侯范雎为这件事一天比一天不高兴。昭襄王嬴稷在坐朝治事时发声长叹，范雎询问其原因。昭襄王说："现在武安君白起已经死了，郑安平、王稽等都叛变了，国中没有良将，外面还有很多强敌，我就是因为这些事而苦恼啊！"范雎听后也十分担心，但也想不出什么对策。

燕国的客卿蔡泽听说了此事，就来到秦国，先让人对范雎说："蔡泽是天下能言善辩之人。如果他见到了秦王，肯定会让您为难，进而夺取您的位置。"范雎听后非常生气，遣人召蔡泽来见。蔡泽见到应侯，态度十分傲慢无礼。范雎非常生气，就斥责他说："你竟然说要取代我做秦相，那就让我听听你怎么说。"蔡泽说："唉，您的见识怎么这么迟钝啊！四个季节按春生、夏长、秋实、冬藏的次序，各完成其功能而离去。难道您没有看到秦国的商鞅、楚国的吴起、越国的文种的下场吗？这有什么可值得效仿的呢？"范雎辩驳说："那又有什么不可以的？这三个人的表现是最高的义，是完美的忠。君子可以杀身成名，而且死而无憾！"蔡泽说："人们都要建功立业，怎么会不期望保全性命、功成名就呢？名与命都能保全的，是上等；名可以为后人景仰效仿，但性命失去了，就是第二等了；名蒙受耻辱而命得以生还，就是最下一等的了。吴起、文种、商鞅，他们作为臣子尽心尽力效忠君王，取得了功名，这是可以为人仰慕的。闳夭、周公不也是忠心耿耿、道德高尚的吗？那三人虽然让人仰慕，但什么地方比得上闳夭、周公呢？"范雎说："是啊。"蔡泽说："既然是这样，那么您的国君在笃念旧情、不背弃有功之臣这点上与秦孝公、楚悼王、越王相比会怎样？"范雎说："我不知道怎样。"蔡泽说："那么您与商鞅等三人相比较，谁的功绩更多、更大呢？"范雎说："当然

是我不如他们。”蔡泽说：“如果是这样的话，您还不引退，您所遇到的灾祸恐怕会比那三位更严重啊。俗话说：‘太阳升到中天就要偏斜而西，月亮圆满了就会渐见亏缺。’进退伸缩，随时势的变化进行调整以相适应，这是圣人的法则。现在您的仇也报了，恩也报了，心愿也全都得到了满足，却还没有做变化的打算，我都为您担心！”于是范雎把蔡泽奉为上宾，还把他推荐给昭襄王。秦王召见蔡泽，和他交谈，非常喜爱他，便授予他客卿的职位。范雎以生病为借口推辞了担任相国之职。一开始，昭襄王非常赞赏蔡泽的计策，便任命他为相国。但蔡泽任相国几个月后，即被免职。

郑国修渠（卷六◎秦纪一）

【原文】

始皇帝上元年

韩欲疲秦人，使无东伐。乃使水工郑国为间于秦，凿泾水自仲山为渠，并北山，东注洛。中作而觉，秦人欲杀之。郑国曰："臣为韩延数年之命，然渠成，亦秦万世之利也。"乃使卒为之。注填阏之水溉舄卤之地四万余顷，收皆亩一钟，关中由是益富饶。

【译文】

秦始皇帝元年（乙卯，公元前246年）

韩国想消耗秦国的国力，使它不能发兵东征，便派遣水利专家郑国到秦国去做间谍，让秦国从仲山起，开凿一条引泾水、沿北山向东注入洛河的灌溉渠。工程还在进行中，韩国的意图就被秦王察觉到了，秦王为此要杀郑国。郑国说："我确实是为韩国延长了几年的寿命，但如果这条灌溉渠修成了，秦国也可以享万世之利啊。"于是秦王便让郑国把这项工程完成了。这条水渠引污浊而有肥效的水灌溉盐碱地四万多顷，每亩地的收成都高达六斛四斗，因此秦国的关中一带变得更加富裕。

韩非使秦（卷六◎秦纪一）

【原文】

始皇帝上十四年

韩王纳地效玺，请为藩臣，使韩非来聘。韩非者，韩之诸公子也，善刑名法术之学，见韩之削弱，数以书干韩王，王不能用。于是韩非疾治国不务求人任贤，反举浮淫之蠹而加之功实之上。宽则宠名誉之人，急则用介胄之士。所养非所用，所用非所养。悲廉直不容于邪枉之臣。观往者得失之变，作《孤愤》《五蠹》《内、外储》《说林》《说难》五十六篇，十馀万言。

王闻其贤，欲见之。非为韩使于秦，因上书说王曰："今秦地方数千里，师名百万，号令赏罚，天下不如。臣昧死愿望见大王，言所以破天下从之计。大王诚听臣说，一举而天下之从不破，赵不举，韩不亡，荆、魏不臣，齐、燕不亲，霸王之名不成，四邻诸侯不朝，大王斩臣以徇国，以戒为王谋不忠者也。”王悦之，未任用。李斯嫉之，曰：“韩非，韩之诸公子也。今欲并诸侯，非终为韩不为秦，此人情也。今王不用，久留而归之，此自遗患也。不如以法诛之。”王以为然，下吏治非。李斯使人遗非药，令早自杀。韩非欲自陈，不得见。王后悔，使人赦之，非已死矣。

【译文】

秦始皇帝十四年（戊辰，公元前233年）

韩王献上领土和玉玺，自请为秦国藩臣，派韩非来晋见。韩非是韩国公子，擅长刑名法术之学，见韩国势弱，上书数次请求韩王任用，韩王却都没有任用。韩非痛恨治国不能任贤人、求人才，反而举用虚浮无能的蠹虫，让功臣和有真才实学的人无用武之地。政治平顺时，宠信巧言善辩的人；当国家危急之时，就举用刚猛之士。平时培养的不是战时举用的，战时举用的并不是平日培养的。又痛心廉洁正直的大臣为邪恶小人所不容。他观察以往历史上得失成败的事迹，写了《孤愤》《五蠹》《内、外储》《说林》《说难》等56篇文章，共有十余万字。

秦王听闻他的贤名，想见见他。正好韩非做韩国使者，出使秦国，于是上书游说秦王道：“现在秦国有数千里领土，上百万军队，奖赏处罚，发号施令，天下没有哪个能比得上

的。我冒死请见大王，来谈谈怎样破除各国合纵的计划。如果大王真能听从微臣之言，大军一出，而天下合纵却没有被攻破，赵国未被攻下，韩国没有灭亡，荆、魏之地不肯臣服，齐、燕二国不来亲附，霸王之名没有成就，邻国的诸侯不来朝见，大王可杀我殉国，来警戒那些不忠心为君王谋划之人。”秦王非常欣赏他，但是没有任用他。李斯非常嫉妒韩非，便向秦王说：“韩非是韩国的公子。现在秦国要兼并各国，韩非终究会为韩国打算，而不会为秦国打算，这也是人之常情。现在君王不任用他，久留之后再遣送他回国，是自留后患。还不如找个理由把他杀掉。”秦王觉得有道理，就把韩非抓进狱中治罪。李斯派人送药给韩非，让他早点自杀。韩非想自己向秦王解释明白，但是却无法见到秦王。后来秦王改变了主意，就派人去赦免他，但是去晚了，韩非已经死了。

荆轲刺秦（卷六◎秦纪一）

【原文】

始皇帝上十九年

王翦击赵军，大破之，杀赵葱，颜聚亡，遂克邯郸，虏赵王迁。王如邯郸，故与母家有仇怨者皆杀之。还，从太原、上郡归。

燕太子丹怨王，欲报之，以问其傅鞠武。鞠武请西约三晋，南连齐、楚，北媾匈奴以图秦。太子曰："太傅之计，旷日弥久，令人心惛然，恐不能须也。"顷之，将军樊於期得罪，亡之燕。太子受而舍之。鞠武谏曰："夫以秦王之暴而积怒于燕，足为寒心，又况闻樊将军之所在乎！是谓委肉当饿虎之蹊也。愿太子疾遣樊将军入匈奴。"太子曰："樊将军穷困于天下，归身于丹，是固丹命卒之时也，愿更虑之！"鞠武曰："夫行危以求安，造祸以为福，计浅而怨深，乃连结一人之后交，不顾国家之大害，所谓资怨而助祸矣。”太子不听。

【译文】

秦始皇帝十九年（癸酉，公元前228年）

秦将王翦率军攻打赵军，大败赵军，杀死了赵葱，颜聚逃亡。秦军进而攻破了邯郸，俘虏了赵国国君赵迁。秦王来到邯郸，把过去与他母亲家有仇怨之人全都杀死。然后又起驾回国，经过太原、上郡返归秦都咸阳。

燕国太子姬丹怨恨秦王嬴政，想要报复秦王，因此征求太傅鞠武的意见。鞠武建议太子丹西与赵、魏、韩三晋订约，南与齐、楚联合，北与匈奴媾和，共同图谋秦国。太子丹说：“太傅的计策虽然好，但是要实现这个计策却是旷日持久的事情，让人焦躁烦闷，恐怕不能再等下去了。”不久，秦国将领樊於期在本国获罪，逃到了燕国。太子丹收留了他，让他住下。鞠武规劝太子丹说：“仅凭秦王的暴虐和对燕国的怨恨与愤怒，就足以让人感到寒心了，更何况他还获悉樊将军被收留在燕国了呢！这正是把肉放到饿虎往来的路上。我希望你尽快把樊将军送到匈奴去！”太子丹说：“樊将军已经走投无路了，现在他归附于我，这本是我舍命保护他的时机，请您再想一想其他的办法吧！”鞠武说：“做非常危险之事来谋求安全，制造灾祸以谋求幸福，谋略浅薄而

积怨很深。为了结交一个新的朋友，而不顾国家会遭受到的危害，这正是所谓积蓄怨仇并助长了灾祸！”太子丹没有理会鞠武的劝说。

【原文】

太子闻卫人荆轲之贤，卑辞厚礼而请见之。谓轲曰：“今秦已虏韩王，又举兵南伐楚，北临赵；赵不能支秦，则祸必至于燕。燕小弱，数困于兵，何足以当秦！诸侯服秦，莫敢合从。丹之私计愚，以为诚得天下之勇士使于秦，劫秦王，使悉反诸侯侵地，若曹沫之与齐桓公，则大善矣；则不可，则因而刺杀之，彼大将擅兵于外而内有乱，则君臣相疑，以其间，诸侯得合从，其破秦必矣。唯荆卿留意焉！”荆轲许之。于是舍荆卿于上舍，太子日造门下，所以奉养荆轲，无所不至。

及王翦灭赵，太子闻之惧，欲遣荆轲行。荆轲曰：“今行而无信，则秦未可亲也。诚得樊将军首与燕督亢之地图，奉献秦王，秦王必说见臣，臣乃有以报。”太子曰：“樊将军穷困来归丹，丹不忍也！”荆轲乃私见樊於期曰：“秦之遇将军，可谓深矣，父母宗族皆为戮没！今闻购将军首，金千斤，邑万家，将奈何？”於期太息流涕曰：“计将安出？”荆卿曰：“愿得将军之首以献秦王，秦王必喜而见臣，臣左手把其袖，右手揕[①]其胸，则将军之仇报而燕见陵之愧除矣！”樊於期曰：“此臣之日夜切齿腐心也！”遂自刎。太子闻之，奔往伏哭，然已无奈何，遂以函盛其首。太子豫求天下之利匕首，使工以药焠之，以试人，血濡缕，人无不立死者。乃装为遣荆轲，以燕勇士秦舞阳为之副，使入秦。

【注释】

①揕：刺进。

【译文】

太子丹听说卫国人荆轲非常贤能，便带着非常丰厚的礼物，以谦卑的言辞求见他。太子丹对荆轲说：“秦国现在已经俘虏了韩王，又举兵向南进攻楚国，向北威逼赵国。赵国已经无力对付秦国，那么灾难很快就要降临到燕国了。燕国的国力既小又弱，多年为战争所累，怎么还能抵挡得住秦国的进攻！各诸侯国都屈服于秦国，没有哪个国家敢于再合纵抗秦了。我自己的计策颇愚鲁，认为如果真能获得一位天下最无畏的勇士，让他出使秦国，胁迫秦王嬴政，让他把侵占来的土地全部归还给各国，就像曹沫当年逼迫齐桓公归还鲁国失去的领土那样。这样是最好的了。如果不行，便找个机会刺杀秦王嬴政。秦国的大将拥兵在外，而国内发生动乱，君臣之间互相猜疑。趁着这个机会，如果能够合纵各国共同抗秦，就一定会击败秦国。我希望您能好好想一想这件事

情。”荆轲答应了他。于是太子丹安排荆轲住进上等客舍，还天天去探望他，凡是能进送、供给荆轲的东西，没有不送到的。

等到秦将王翦灭亡了赵国，太子丹听闻后非常惊恐，便想派荆轲出使秦国。荆轲说：“现在我可以前往秦国，但是没有让秦王信任我的理由，这就不能接近秦王。如果能得到樊将军的头颅和燕国督亢的地图，把这些东西献给秦王，秦王肯定会非常高兴并召见我，那时我才能刺杀他，以回报您的恩德。”太子丹说：“樊将军穷途末路，前来投奔于我，我实在是不忍心杀他啊！”于是荆轲私下里会见樊於期说：“秦国对待您，可以说是非常残酷了，您的父母、家族的人都被杀死或者是被没收为官奴了！现在听说秦国悬赏千两黄金、万户封地购买您的头颅，您想怎么样呢？”樊於期叹口气流着泪说：“您有什么办法吗？”荆轲说：“希望能得到您的头颅献给秦王，秦王肯定会非常高兴并召见我，到时我左手拉住他的袖子，右手持匕首刺进他的胸膛。这样一来，您的大仇得报，燕国遭受欺凌的耻辱也可以消除了！”樊於期说：“这些正是我日夜切齿痛心地渴求实现的事情啊！”说完话他便自刎了。太子丹闻讯赶紧跑来，趴在樊於期的尸体上大声痛哭，但是已经晚了，便用匣子装起樊於期的头颅。太子丹为荆轲准备了一把天下最锋利的匕首，让工匠把匕首烧红再浸入毒药之中，又用这把匕首试着刺了几个死囚，刺

进体内只要渗出一点儿血，人就立即倒地身亡。荆轲带好行装准备出发。太子丹派燕国的勇士秦舞阳当他的助手，二人作为使者前往秦国。

【原文】

始皇帝下二十年

荆轲至咸阳，因王宠臣蒙嘉卑辞以求见。王大喜，朝服，设九宾而见之。荆轲奉图而进于王，图穷而匕首见，因把王袖而揕之。未至身，王惊起，袖绝。荆轲逐王，王环柱而走。群臣皆愕，卒起不意，尽失其度。而秦法，群臣侍殿上者不得操尺寸之兵，左右以手共搏之，且曰："王负剑！"负剑，王遂拔以击荆轲，断其左股。荆轲废，乃引首擿王，中铜柱。自知事不就，骂曰："事所以不成者，以欲生劫之，必得约契以报太子也！"遂体解荆轲以徇。王于是大怒，益发兵诣赵，就王翦以伐燕，与燕师、代师战于易水之西，大破之。

【译文】

秦始皇帝二十年（甲戌，公元前227年）

荆轲到达秦国都城咸阳，通过秦王嬴政的宠臣蒙嘉，以谦卑的言辞求见秦王。秦王嬴政非常高兴，穿上上朝的服装，召集百官安排九宾大礼迎接荆轲。荆轲手中拿着地图向秦王进献，图卷全部展开，匕首出现。荆轲乘势抓住秦王的袍袖，拿起匕首就向秦王的胸膛刺去。但还没等荆轲近身，秦王嬴政已惊恐地一跃而起，挣断了袍袖。荆轲立即追逐秦王，秦王绕着柱子奔跑。众臣们都被吓坏了，事发仓促，都失去了常态。秦国法律规定，在殿上侍从的臣仆不得携带任何武器，因此大家只好一起徒手上前扑打荆轲。大家喊道："大王，把剑往背后推！"秦王嬴政将剑推到背后，这才拔出剑来回击荆轲，一剑把荆轲的左腿砍断了。荆轲的腿断了，他就把匕首向秦王掷过去，但是只击中了铜柱。荆轲知道行刺之事已经不能完成，就大骂道："这件事不能成功，是想让你活着被劫持，归还所侵占的土地，来回报燕太子。"荆轲被分尸示众。秦王为此大发雷霆，增派军队去赵国，随王翦的大军一同攻打燕国。秦军在易水以西与燕军和代王的军队会战，大败燕、代两军。

初并天下（卷七◎秦纪二）

【原文】

始皇帝下二十六年

王贲自燕南攻齐，猝入临淄，民莫敢格者。秦使人诱齐王，约封以五百里之地，齐王遂降。秦迁之共，处之松柏之间，饿而死。齐人怨王建不早与诸侯合从，听奸人宾客以亡其国，歌之曰："松耶，柏耶，住建共者客耶!"疾建用客之不详也。

王初并天下，自以为德兼三皇，功过五帝，乃更号曰"皇帝"，命为"制"，令为"诏"，自称曰"朕"。追尊庄襄王为太上皇。制曰："死而以行为谥，则是子议父，臣议君也，甚无谓。自今以来，除谥法。朕为始皇帝，后世以计数，二世、三世至于万世，传之无穷。"

初，齐威、宣之时，邹衍论著终始五德之运；及始皇并天下，齐人奏之。始皇采用其说，以为周得火德，秦代周，从所不胜，为水德。始改年，朝贺皆自十月朔；衣服、旌旄、节旗皆尚黑，数以六为纪。

【译文】

秦始皇帝下二十六年（庚辰，公元前221年）

秦将王贲带领军队从燕国向南行进，攻打齐国，突然攻入都城临淄，齐国百姓中没有敢抵抗的。秦国派人诱降齐王，约定封给他五百里的土地，齐王便投降了。但秦国却把齐王迁移到共城，安置在松柏之间，他最终被饿死了。齐国人埋怨国君田建不及早参与诸侯国的联盟，却听信奸佞、宾客的建议，导致国家被毁灭，百姓为此编了一首歌谣说："松树啊，柏树啊，使田建住在共地饿死的，是宾客啊！"恨田建任用宾客不审慎考察。

秦王嬴政刚刚兼并六国，一统天下，自认为兼备了三皇的德行，功业超过了五帝，于是便改称号为"皇帝"，皇帝出命称"制"，下令称"诏"，皇帝自称为"朕"。追尊父亲庄襄王为太上皇。并颁布制书说："君王死后依据他生前的行为确定谥号，这是儿子议论父亲，臣子议论君王，实在不应该。此后，废除为帝王上谥号的制度。朕为始皇帝，后继者以序数计算，称为二世皇帝、三世皇帝，以至万世，没有尽头地一直传下去。"

当初，齐威王、齐宣王的时候，邹衍创立了金、木、水、火、土终而复始的“五德终始”学说，到了始皇帝合并天下之时，齐国人将此说奏报给他。始皇接纳了这套学说，认为周朝是火德，秦取代周，从火不能胜水来推算，秦应是水德。于是开始更改岁历，新年朝见皇帝与庆贺典礼都从十月初一开始，衣服、旗帜、符节等都崇尚黑色，计数以六为一个单位。

【原文】

丞相绾等言：“燕、齐、荆地远，不为置王，无以镇之。请立诸子。”始皇下其议。廷尉斯曰：“周文武所封子弟同姓甚众，然后属疏远，相攻击如仇雠，周天子弗能禁止。今海内赖陛下神灵一统，皆为郡、县，诸子功臣以公赋税重赏赐之，甚足易制，天下无异意，则安宁之术也。置诸侯不便。”始皇曰：“天下共苦战斗不休，以有侯王。赖宗庙，天下初定，又复立国，是树兵也，而求其宁息，岂不难哉！廷尉议是。”

分天下为三十六郡，郡置守、尉、监。

收天下兵聚咸阳，销以为钟鐻、金人十二，重各千石，置宫廷中。一法度、衡、石、丈尺。徙天下豪杰于咸阳十二万户。

诸庙及章台、上林皆在渭南。每破诸侯，写放其宫室，作之咸阳北阪上。南临渭，自雍门以东至泾、渭，殿屋、复道、周阁相属，所得诸侯美人、钟鼓以充入之。

【译文】

丞相王绾等人说："燕、齐、楚三国的故地过于遥远，如果不在那里设置侯王，就不能镇抚。因此请分封诸位皇子为侯王。"始皇帝把这个建议交给大臣评议。廷尉李斯说："周文王、周武王分封子弟族人很多，但他们的后代互相疏远，如同仇敌一般互相进攻，周天子也没有办法制止。现在四海之内仰仗陛下的神武而获得统一，全国都划分为郡和县，对各位皇子及有功之臣用国家征收的赋税给予重赏，这样就可以十分容易地进行控制，让天下人对朝廷不怀二心，才是安定国家的方案。分封诸侯则不适宜。"始皇说："天下人都吃尽了战争之苦，是因为有诸侯王存在的原因。今天依赖祖先在天之灵，让天下初步平定，如果又重新封侯建国，就是自己培植、招引战乱，要想求得安宁、养息，岂不困难吗？廷尉的主张是正确的。"

于是始皇帝下令把全国划分为三十六个郡，每郡设置郡守、郡尉、监御史。

又下令收缴全国民间所藏的兵器，运送汇集到咸阳，熔毁后铸成钟架和大钟，以及十二个铜人，各重千石，摆放到宫廷之中。并统一法制和度量衡。还把各地富豪十二万户迁徙到咸阳。

秦王朝各位先祖的祭庙和章台宫、上林苑都在渭水南岸。秦国每征服一个国家，就派人仿照、摹画该国的宫室，在咸阳城北的山坡上建造同样的宫室。如此南临渭水，自雍门向东至泾水、渭水相交处，宫殿屋宇、天桥、楼阁相连接，所获得的各国美女、钟鼓等乐器都安置在里面。

嬴政之死（卷七◎秦纪二）

【原文】

始皇帝下三十七年

冬，十月，癸丑，始皇出游。左丞相斯从，右丞相去疾守。始皇二十馀子，少子胡亥最爱，请从；上许之。

十一月，行至云梦，望祀虞舜于九疑山。浮江下，观籍柯，渡海渚，过丹阳，至钱唐，临浙江。水波恶，乃西百二十里，从狭中渡。上会稽，祭大禹，望于南海，立石颂德。还，过吴，从江乘渡。并海上，北至琅邪、罘。见巨鱼，射杀之。遂并海西，至平原津而病。

始皇恶言死，群臣莫敢言死事。病益甚，乃令中车府令行符玺事赵高为书赐扶苏曰："与丧，会咸阳而葬。"书已封，在赵高所，未付使者。秋，七月，丙寅，始皇崩于沙丘平台。丞相斯为上崩在外，恐诸公子及天下有变，乃秘之不发丧，棺载辒凉车中，故幸宦者骖乘。所至，上食、百官奏事如故，宦者辄从车中可其奏事。独胡亥、赵高及幸宦者五六人知之。

【译文】

秦始皇帝下三十七年（辛卯，公元前210年）

冬季，十月，癸丑，始皇帝出去游玩。左丞相李斯一同前往，右丞相冯去疾留守咸阳。始皇帝有二十多个儿子，小儿子胡亥最受宠爱，胡亥也要求一起出游，始皇帝答应了他。

十一月，始皇帝一行到达云梦，向着九疑山遥祭埋葬在那里的舜帝。然后乘船顺长江而下，观览籍柯，渡经海渚，过丹阳，抵钱塘，到达浙江边。因为江水波涛汹涌，便向西行一百二十里，从两岸之间最狭窄之处渡江。始皇帝登上会稽山，祭祀禹帝，眺望南海，刻立巨石歌功颂德。然后起驾返回，路上经过吴地，从江乘渡过长江，沿海北上，到达琅邪、芝罘。始皇帝发现了一条非常大的鱼，便放箭把鱼射杀了。然后又沿海西行，到达平原津后就病倒了。

始皇帝非常厌恶谈论生死，所以众臣之中没有人敢提关于死的事。他病情加重时，才命中车府令赵高写诏书给长子扶苏说："来参加丧事，灵柩到咸阳后安葬。"诏书已封好，却搁置在赵高处，并没有交给使者送出。秋季，七月，丙寅

(二十日),始皇帝在沙丘宫平台去世。丞相李斯因皇帝在都城外病逝,唯恐各位皇子及天下发生什么变故,就秘不发丧,把棺材放在有窗和帷帐、能调节冷暖的辒凉车中,由始皇帝生前宠信的宦官在车里侍驾。不管到了什么地方,用膳、百官朝奏都和从前一样,就由宦官在车里批准奏事。只有胡亥、赵高及受宠幸的宦官几个人知道内情。

【原文】

初,始皇尊宠蒙氏,信任之。蒙恬任在外将,蒙毅常居中参谋议,名为忠信,故虽诸将相莫敢与之争。赵高者,生而隐宫。始皇闻其强力,通于狱法,举以为中车府令,使教胡亥决狱;胡亥幸之。赵高有罪,始皇使蒙毅治之;毅当高法应死。始皇以高敏于事,赦之,复其官。赵高既雅得幸于胡亥,又怨蒙氏,乃说胡亥,请诈以始皇命诛扶苏而立胡亥为太子。胡亥然其计。赵高曰:"不与丞相谋,恐事不能成。"乃见丞相斯曰:"上赐长子书及符玺,皆在胡亥所。定太子,在君侯与高之口耳。事将何如?"斯曰:"安得亡国之言!此非人臣所当议也!"高曰:"君侯材能、谋虑、功高、无怨、长子信之,此五者皆孰与蒙恬?"斯曰:"不及也。"高曰:"然则长子即位,必用蒙恬为丞相,君侯终不怀通侯之印归乡里明矣!胡亥慈仁笃厚,可以为嗣。愿君审计而定之!"丞相斯以为然,乃相与谋,诈为受始皇诏,立胡亥为

太子；更为书赐扶苏，数以不能辟地立功，士卒多耗，数上书，直言诽谤，日夜怨望不得罢归为太子，将军恬不矫正，知其谋；皆赐死，以兵属裨将王离。

【译文】

当初，始皇帝尊重宠爱蒙氏兄弟，非常信任他们。蒙恬在外担任大将，蒙毅常在朝中参与商议国事，号称忠信大臣，即便是那些丞相或高级将领，也没有人敢与他们一争高低的。赵高刚生下来就被阉割了。始皇帝听说他办事能力非常强，还精通刑法，就提拔他，让他担任中车府令，还让他教小儿子胡亥学习审理判决讼狱，胡亥十分宠爱他。赵高曾经犯罪，始皇帝派蒙毅责罚他。蒙毅认为赵高依法应被处死，但始皇帝因赵高办事十分灵敏而赦免了他，还恢复了他的官职。赵高既然得到胡亥的宠幸，又怨恨蒙氏兄弟，就劝说胡亥，让他诈称始皇帝下诏杀掉扶苏而立胡亥为太子。胡亥同意了赵高的计谋。赵高又说："如果不与丞相合谋，只怕这件事不能办成。"赵高于是去见丞相李斯，说："皇上赐给长子扶苏的诏书及符玺都在胡亥那里。订立太子之事，只由你我之口决定而已。这件事该怎么办呢？"李斯说："怎能说出这种亡国之话呀！这件事不是我们这些做臣子的应该议论的！"赵高说："您的才能、谋略、功勋、人缘和扶苏的信任，这五点全部拿出来和蒙恬相比，什么地方比得上他

呢？”李斯回答：“全都比不上他。”赵高说：“既然是这样，如果长子扶苏即位，肯定任用蒙恬为丞相，您最终不能怀揣通侯之印返归故乡的结局是显而易见的了！而胡亥仁慈忠厚，是可以当皇位继承人的。希望您好好想一想，然后再做出决定！”丞相李斯认为赵高说的有道理，便和他共同谋划，假称接受了始皇帝的遗诏，立胡亥为太子。又写了一份诏书给扶苏，指斥他不能创立功业，开辟疆土，却让士卒大量伤亡，还数次上书，直言诽谤父皇，整天抱怨不能获准解除监军之职，返归咸阳当太子。将军蒙恬明知扶苏的谋划，却没有纠正。扶苏、蒙恬赐死，把兵权移交给副将王离。

【原文】

扶苏发书，泣，入内舍，欲自杀。蒙恬曰：“陛下居外，未立太子；使臣将三十万众守边，公子为监，此天下重任也。今一使者来，即自杀，安知其非诈！复请而后死，未暮也。”使者数趣之。扶苏谓蒙恬曰：“父赐子死，尚安复请！”即自杀。蒙恬不肯死，使者以属吏，系诸阳周。更置李斯舍人为护军，还报。胡亥已闻扶苏死，即欲释蒙恬，会蒙毅为始皇出祷山川，还至；赵高言于胡亥曰：“先帝欲举贤立太子久矣，而毅谏以为不可；不若诛之！”乃系诸代。

遂从井陉抵九原。会暑，辒车臭，乃诏从官令车载一石鲍鱼以乱之。从直道至咸阳，发丧。太子胡亥袭位。

九月，葬始皇于骊山，下锢三泉；奇器珍怪，徙藏满之。令匠作机弩，有穿近者辄射之。以水银为百川、江河、大海，机相灌输。上具天文，下具地理。后宫无子者，皆令从死。葬既已下，或言工匠为机藏，皆知之，藏重即泄。大事尽，闭之墓中。

二世欲诛蒙恬兄弟。二世兄子子婴谏曰：“赵王迁杀李牧而用颜聚，齐王建杀其故世忠臣而用后胜，卒皆亡国。蒙氏，秦之大臣、谋士也，而陛下欲一旦弃去之。诛杀忠臣而立无节行之人，是内使群臣不相信而外使斗士之意离也！”二世弗听，遂杀蒙毅及内史恬。恬曰：“自吾先人及至子孙，积功信于秦三世矣。今臣将兵三十馀万，身虽囚系，其势足以倍畔。然自知必死而守义者，不敢辱先人之教，以不忘先帝也！”乃吞药自杀。

【译文】

扶苏打开诏书看完之后，大声哭泣着跑进内室，想要自杀。蒙恬说：“现在陛下在外地，还没有确定谁是太子。他派我带领三十万军队镇守边陲，让您担任监军，这是天下的重任。现在只是一个使者前来传书，你就要自杀，又怎么能知道其中是不是有诈呢！让我们再奏请证实一下，然后再死也不晚啊。”使者多次催促他们自行了断。扶苏对蒙恬说：“父亲赐死儿子，还请示什么呢！”说完就自刎了。蒙恬不愿就这样死去，使者就把他交给官吏，囚禁在阳周。改用李斯的舍人担任护军，然后回报李斯、赵高。胡亥听闻扶苏死了，就想释放蒙恬。恰逢蒙毅代替始皇帝外出祭祷山川神灵后返回。赵高即对胡亥说：“始皇帝想要举贤能而立你为太子已经很长时间了，但是蒙毅规劝他，认为不能立你为太子。现在还不如把蒙毅杀掉！”于是将蒙毅囚禁在代郡。

皇室车队从井陉到达九原。当时天气非常热，载着始皇帝遗体的辒凉车发出恶臭，胡亥等便指示随从官员在车上装载一石鲍鱼，让鱼的臭味掩盖腐尸的气味。从直道抵达咸阳后才发布治丧的公告。太子胡亥继承了皇位。

九月，把始皇帝安葬在骊山（今西安市临潼区），把铜熔化后灌入，堵住地下深处的水。还运来各种奇珍异宝，藏满墓穴。还命工匠们制作出带有机关的弓弩，遇到掘土靠近墓穴的人，便自动射杀。用水银做成百川、江河、大海，以机械灌注输送。墓穴顶部刻有天文图像，底部设置地理模型。凡是没有生儿育女的后宫嫔妃全部陪葬。下葬之后，有人说工匠们负责制造隐藏的机械装置，知道其中的秘密，如果放他们出来，就会把其中的秘密泄露出去。于是待送终的大事完毕后，便把那些工匠也封闭在墓穴之中。

二世皇帝胡亥想要杀掉蒙恬兄弟二人。他哥哥的儿子子婴规劝说：“赵王迁杀李牧而用颜聚，齐王田建杀他前代的忠臣而用后胜，最后他们都亡了国。蒙恬兄弟是秦国的重臣、谋士，陛下却想要把他们铲除掉。诛杀忠臣而扶植节操品行不端之人，在内会失去众臣的信任，在外则让将士们意志涣散！”但胡亥不听他的劝告，于是杀死了蒙毅，还要杀内史蒙恬。蒙恬说：“我们蒙家从我的先人到我，在秦国建立功业和忠信已经三代了。现在我带兵三十多万，身体虽然被囚禁，但我的势力仍然足以进行反叛。但我知道自己要死却还是要奉守节义，因为我不敢辱没祖先的教诲，不忘先帝的恩德！”说完就吞服毒药自杀身亡。

赵高弑主（卷八◎秦纪三）

【原文】

二世皇帝下三年

初，中丞相赵高欲专秦权，恐群臣不听，乃先设验，持鹿献于二世曰："马也。"二世笑曰："丞相误邪，谓鹿为马！"问左右，或默，或言马以阿顺赵高，或言鹿者。高因阴中诸言鹿者以法。后群臣皆畏高，莫敢言其过。

高前数言"关东盗无能为也"，及项羽虏王离等，而章邯等军数败，上书请益助。自关以东，大抵尽畔秦吏，应诸侯，诸侯咸率其众西乡。八月，沛公将数万攻武关，屠之。高恐二世怒，诛及其身，乃谢病，不朝见。

二世梦白虎啮其左骖马，杀之，心不乐，怪问占梦。卜曰："泾水为祟。"二世乃斋于望夷宫，欲祠泾水，沈四白马。使使责让高以盗贼事。高惧，乃阴与其婿咸阳令阎乐及弟赵成谋曰："上不听谏。今事急，欲归祸于吾。欲易置上，更立子婴。子婴仁俭，百姓皆载其言。"乃使郎中令为内应，诈为有大贼，令乐召吏发卒追，劫乐母置高舍。遣乐将吏卒千馀人至望夷宫殿门，缚卫令仆射，曰："贼入此，何不止？"卫令曰："周庐设卒甚谨，安得贼，敢入宫！"乐遂斩卫令，直将吏入，行射郎、宦者。郎、宦者大惊，或走，或格；格者辄死，死者数十人。郎中令与乐俱入，射上幄坐帏。二世怒，召左右；左右皆惶扰不斗。旁有宦者一人侍，不敢去。二世入内，谓曰："公何不早告我，乃至于此！"宦者曰："臣不敢言，故得全；使臣早言，皆已诛，安得至今！"阎乐前即二世，数曰："足下骄恣，诛杀无道，天下共畔足下；足下其自为计！"二世曰："丞相可得见否？"乐曰："不可！"二世曰："吾愿得一郡为王。"弗许。又曰："愿为万户侯。"弗许。曰："愿与妻子为黔首，比诸公子。"阎乐曰："臣受命于丞相，为天下诛足下；足下虽多言，臣不敢报！"麾其兵进。二世自杀。阎乐归报赵高。赵高乃悉召诸大臣、公子，告以诛二世之状，曰："秦故王国；始皇君天下，故称帝。今六国复自立，秦地益小，乃以空名为帝，不可；宜如故，便。"乃立子婴为秦王。以黔首葬二世杜南宜春苑中。

【译文】

秦二世三年（甲午，公元前207年）

当初，中丞相赵高想独揽秦朝大权，但又担心众臣不服，于是便先进行试探。赵高牵来一只鹿献给二世说："这是我送给您的马。"二世哈哈笑道："你糊涂了吧？怎么把鹿当成马呢？"然后询问身旁的大臣们，众臣有的沉默不语，有的说是马以迎合赵高，有的说是鹿。于是，赵高暗中借秦法陷害了那些说是鹿的大臣。此后群臣都非常畏惧赵高，没有人敢说他的错误。

以前赵高曾多次说："关东的盗贼是不能成大事的。"到了项羽俘获王离等人，而章邯等人的军队也被打败多次，向二世上书请求支援。此时自函谷关以东，大体上全都背叛了秦朝官吏，响应诸侯；诸侯也都各自统率部众向西进攻。八月，刘邦带领几万弟兄攻打武关，屠灭了全城。赵高怕二世因此事而发怒，招致杀身之祸，就托病不出，不敢上朝去。

有一天二世在梦中梦到一只白虎咬他的左骖马，把马咬死了，因此闷闷不乐，觉得非常奇怪，便询问占梦的人。占梦人卜测说："是泾水神在作怪。"二世于是就在望夷宫实行斋戒，想祭祀泾水神，把四匹白马沉入河中。还派人去责问赵高叛贼的事。赵高非常害怕，即暗中与他的女婿咸阳县令阎乐、弟弟赵成商量说："皇上不听劝说。现在情势十分危急，二世想嫁祸于我。我想更换天子，改立二世哥哥的儿子子婴为皇帝。子婴为人仁爱俭朴，百姓们都非常尊重他。"随即派郎中令作为内应，诈称有盗贼，让阎乐调兵遣将去追捕，同时劫持阎乐的母亲安置到赵高府中。又派阎乐率领官兵一千多人来到望夷宫殿门前，将卫令仆射捆绑起来，说："盗贼跑到里面去了，为什么不阻拦？"卫令回答道："宫墙四周设置了卫兵，防守非常严密，怎么可能会有盗贼溜进宫去啊！"阎乐把卫令斩杀了，带着自己的兵士闯进宫去，一边走，一边射杀郎官、宦官。郎官、宦官都非常害怕，有的逃跑，有的抵抗。反抗的人都被杀死，就这样死了几十个人。郎中令和阎乐一起入内，箭射二世的帷帐、篷帐。二世大发雷霆，召唤身边的卫士，但那些卫士早就慌乱不堪，不敢上前反抗。二世身旁只有一名宦官服侍着，没有逃跑。二世进来对这个宦官说："你为什么不早告诉我呀，现在都到了这个地步！"宦官回答说："我不敢说，所以才能保住性命。如果我早说了，已被处死了，就不能活到今日了！"这时阎乐走到二世身边，数落他说："你骄横放纵，滥杀无辜，天下人都背叛了你。你还是自己打算一下吧！"二世说："我能不能见丞相？"阎乐回答道："不行！"二世说："我希望得到一个郡来称王。"阎乐没答应。二世又说："我愿意做万户侯。"阎乐还是没答应。于是二世说："那么

我与妻子儿女去做平民百姓，像各位公子一样。”阎乐道：“我是奉丞相之命，为天下百姓诛杀你。你说得再多，我也不能禀告！”然后指挥他的兵士上前。二世就自杀了。阎乐回报赵高，赵高便召集全体大臣、公子，告诉他们诛杀二世的经过情形，并说道：“秦从前本是个王国，始皇帝统治了天下，因此称帝。现在六国重又各自独立，秦朝的领土越来越小，还依然以一个空名称帝，再也不能这样了。应该还像过去那样称王才可以。”便立子婴为秦王，并用平民百姓的礼仪把二世葬在了杜县南面的宜春苑中。

楚汉相争

约法三章（卷九◎汉纪一）

【原文】

汉高帝元年

冬，十月，沛公至霸上。秦王子婴素车、白马，系颈以组[①]，封皇帝玺、符、节，降轵道旁。诸将或言诛秦王。沛公曰："始怀王遣我，固以能宽容。且人已降，杀之不祥。"乃以属吏。

沛公西入咸阳，诸将皆争走金帛财物之府分之；萧何独先入收秦丞相府图籍藏之，以此沛公得具知天下阨塞、户口多少、强弱之处。沛公见秦宫室、帷帐、狗马、重宝、妇女以千数，意欲留居之。樊哙谏曰："沛公欲有天下耶，将为富家翁耶？凡此奢丽之物，皆秦所以亡也，沛公何用焉！愿急还霸上，无留宫中！"沛公不听。张良曰："秦为无道，故沛公得至此。夫为天下除残贼，宜缟素为资。今始入秦，即安其乐，此所谓‘助桀所虐’。且忠言逆耳利于行，毒药苦口利于病，愿沛公听樊哙言！”沛公乃还军霸上。

十一月，沛公悉召诸县父老、豪杰，谓曰：“父老苦秦苛法久矣！吾与诸侯约，先入关者王之，吾当王关中。与父老约法三章耳：杀人者死，伤人及盗抵罪。余悉除去秦法，诸吏民皆案堵如故。凡吾所以来，为父老除害，非有所侵暴，无恐。且吾所以还军霸上，待诸侯至而定约束耳。”乃使人与秦吏行县、乡、邑，告谕之。秦民大喜，争持牛、羊、酒食献飨军士。沛公又让不受，曰：“仓粟多，非乏，不欲费民。”民又益喜，唯恐沛公不为秦王。

【注释】

①组：一种有花纹的丝织阔带子。

【译文】

汉高帝元年（乙未，公元前206年）

冬季，十月，刘邦带领军队到达霸上。秦王子婴乘着马车，驾着白马，颈上系着绳子，手捧封好的皇帝玉玺和符节，伏在轵道亭旁向刘邦投降。刘邦的众将领中有人主张杀死秦王，刘邦说：“此前楚怀王之所以派我前来，就是因为我能宽容他人。何况他已经投降了，杀了他是不吉利的。”于是便把秦王子婴交给属下监管起来。

刘邦带领军队向西进入咸阳，众将领都争先恐后地到秦朝贮藏金帛财物的府库中瓜分财宝。唯独萧何先入宫去取了秦朝丞相府的地理文书、图册、户籍簿等档案收藏起来，刘邦因此能全面了解了天下的山川要塞、户口的多少及物力财力强弱的分布。刘邦看到秦王朝的帷帐、宫室、名种狗马、贵重宝器和宫女数以千计，就想留在皇宫中居住。樊哙劝谏说："您是想拥有天下呢，还是只想做一个富翁呢？这些奢侈华丽之物，都是招致秦朝覆灭的东西，您要这些东西有什么用呀！希望您尽快返回霸上，不要再留在宫里！"刘邦不听。张良说："秦朝因为不施行仁政，所以您才能够来到这里。而为天下人铲除残民之贼，应如同丧服在身，把抚慰人民作为人之根本。现在刚进入到秦的都城，就要安享其乐，这便是人们所说的'助桀所虐'了。况且忠言逆耳利于行，良药苦口利于病。希望您能听取樊哙的劝告！"于是刘邦带军又返回了霸上。

十一月，刘邦把各县的父老和有声望的人都召集到一起，对他们说："父老们遭受秦朝严刑苛法的苦累已经很久了！我和各路诸侯约定，先入关中的人为王，据此我就应该在关中称王了。现在我与父老们约法三章：杀人者处死，伤人者和抢劫者都要受到处罚。除此之外，秦朝的法律统统废除，官吏和百姓都安定不动。我来到这里是为了帮父老们除害，而不是来欺凌你们的，你们不用害怕！而且我之所以领兵回驻霸上，只是为了等各路诸侯的到来，然后制订一个约束规章罢了。”然后派人和秦朝的官吏一起巡行各县、乡、邑，向人们说明道理。秦地的百姓都非常高兴，都拿着牛、羊、酒肉来慰问刘邦的官兵。刘邦不肯接受，说道：“仓库中的粮食还有很多，不缺，不想让百姓们破费。”百姓们更加感到高兴，唯恐刘邦不在秦地称王。

项庄舞剑（卷九◎汉纪一）

【原文】

汉高帝元年

项羽既定河北，率诸侯兵欲西入关。先是，诸侯吏卒、繇使、屯戍过秦中者，秦中吏卒遇之多无状。及章邯以秦军降诸侯，诸侯吏卒乘胜多奴虏使之，轻折辱秦吏卒。秦吏卒多怨，窃言曰："章将军等诈吾属降诸侯。今能入关破秦，大善；即不能，诸侯虏吾属而东，秦又尽诛吾父母妻子，奈何？"诸将微闻其计，以告项羽。项羽召黥布、蒲将军计曰："秦吏卒尚众，其心不服；至关不听，事必危。不如击杀之，而独与章邯、长史欣、都尉翳入秦。"于是楚军夜击坑秦卒二十馀万人新安城南。

或说沛公曰："秦富十倍天下，地形强。闻项羽号章邯为雍王，王关中，今则来，沛公恐不得有此。可急使兵守函谷关，无内诸侯军；稍征关中兵以自益，距之。”沛公然其计，从之。

【译文】

汉高帝元年（乙未，公元前206年）

项羽已经平定了黄河以北的地区，就想带领各路诸侯向西进入关中。之前，诸侯军中的官兵有的曾因服徭役或屯戍到关中，秦地的官兵对待他们非常无礼。等到章邯率秦军投降了诸侯军后，诸侯军的官兵便凭借胜势，把秦军官兵当成奴隶和俘虏来使唤，侮辱秦军官兵。秦军官兵因此生出怨恨之心，暗地里议论说：“章将军等人骗咱们投降诸侯军。现在若能攻入关中灭掉秦朝，当是大好事；如果不能，诸侯军把咱们劫持到东方去，而秦朝又杀尽咱们的家人、族人，那可怎么办啊?”诸侯军的将领们暗中听到了他们的谈话，便报告给项羽。于是项羽召集黥布、蒲将军商议说：“现在军中原属秦朝的官兵还有很多，他们心中并不顺服，如果到了函谷关他们不听从调遣，情势肯定会非常危急。所以还不如现在把他们杀掉，而只带章邯、长史司马欣、都尉董翳等人进入秦地。”楚军便于夜晚在新安城南面袭击活埋了秦兵二十余万人。

有人劝说刘邦道：“秦地比天下其他地方要富裕十倍，而且地势也十分险要。听说项羽封章邯为雍王，让他在关中

称王，如果现在他来了，您恐怕就不能占据这个地方了。可以火速派兵把守函谷关，不让诸侯军进来，并逐步征召关中之兵，来增加自己的实力，抵御他们。”刘邦认为此计很好，就照办了。

【原文】

已而项羽至关，关门闭。闻沛公已定关中，大怒，使黥布等攻破函谷关。十二月，项羽进至戏。沛公左司马曹无伤使人言项羽曰：“沛公欲王关中，令子婴为相，珍宝尽有之。”欲以求封。项羽大怒，飨士卒，期旦日击沛公军。当是时，项羽兵四十万，号百万，在新丰鸿门；沛公兵十万，号二十万，在霸上。

范增说项羽曰：“沛公居山东时，贪财好色。今入关，财物无所取，妇女无所幸，此其志不在小。吾令人望其气，皆为龙虎，成五采，此天子气也。急击勿失！”

楚左尹项伯者，项羽季父也，素善张良，乃夜驰之沛公军，私见张良，具告以事，欲呼与俱去，曰：“毋俱死也！”张良曰：“臣为韩王送沛公；沛公今有急，亡去，不义，不可不语。”良乃入，具告沛公。沛公大惊。良曰：“料公士卒足以当项羽乎？”沛公默然曰：“固不如也。且为之奈何？”张良曰：“请往谓项伯，言沛公之不敢叛也。”沛公曰：“君安与项伯有故？”张良曰：“秦时与臣游，尝杀人，臣活之。今事有急，故幸来告良。”沛公曰：“孰与君少长？”良曰：“长于臣。”沛公曰：“君为我呼入，吾得兄事之。”张良出，固要项伯；项伯即入见沛公。沛公奉卮酒为寿，约为婚姻，曰：“吾入关，秋毫不敢有所近，籍吏民，封府库而待将军。所以遣将守关者，备他盗之出入与非常也。日夜望将军至，岂敢反乎！愿伯具言臣之不敢倍德也。”项伯许诺，谓沛公曰：“旦日不可不蚤自来谢。”沛公曰：“诺。”于是项伯复夜去，至军中，具以沛公言报项羽，因言曰：“沛公不先破关中，公岂敢入乎？今人有大功而击之，不义也，不如因善遇之。”项羽许诺。

【译文】

过了一段时间，项羽到达函谷关，但是城门紧闭。项羽听闻刘邦已经把关中平定了，勃然大怒，派黥布等人攻破了函谷关。十二月，项羽进军到了戏地。刘邦的左司马曹无伤派人告诉项羽说：“沛公想要在关中称王，任秦王子婴为相，占有全部奇珍异宝。”想借此求得项羽的封赏。项羽闻言，大发雷霆，就让士兵们大吃一顿，计划明天就去攻打刘邦的军队。当时项羽有军队四十万，号称百万大军，驻扎在新丰县的鸿门；刘邦拥有军队十万，号称二十万，驻军霸上。

范增对项羽说：“刘邦住在崤山之东时，贪财又好色。现在入关，却不搜取财物，不宠幸女色，这说明他的志向不

小。我曾让人观望他那边的云气，都显示出龙虎的形状，出现五彩，这是天子之气啊！应该赶快向他进攻，不要错过了这个大好时机！”

楚国的左尹项伯是项羽的叔父，平时与张良非常要好，便骑马连夜赶到刘邦军中，私下里见到张良，把这件事告诉了他，项伯想让张良和他一同离开，说道：“你不能和刘邦死在一起呀！”张良说：“我为韩王送沛公，现在沛公遇到困难，而我却逃跑了，这是不义的行为，我不能不告诉他。”张良便进去把项伯的话全都告诉了刘邦。刘邦听了非常吃惊。张良说：“您估计一下您的兵力足够抵挡项羽吗？”刘邦沉默了一会儿说：“确实不如他呀。这可怎么办呢？”张良说：“让我去告诉项伯，说您是绝不敢背叛项羽的。”刘邦问道：“您怎么和项伯成为故交的？”张良回答他说：“在秦国时，项伯就与我有来往，他曾经杀过人，我救了他。现在事情紧急，所幸他前来告知我。”刘邦说：“您和他谁大谁小？”张良说：“他比我大几岁。”刘邦说：“你把他唤进来，我要把他当作兄长来对待。”张良出去坚持邀项伯入内，项伯便进去与刘邦相见。刘邦手捧酒杯向项伯敬酒，还和他约定结为儿女亲家，说：“我来到关中，什么东西都不敢沾边，只是登记官民，封存府库，等待着项羽将军的到来。我派将领把守函谷关，是为了防备其他盗贼出入或者有什么非常情况发生。我整天都盼望着项羽将军的驾临，我怎么敢谋

反呢！希望您能转告项将军我是不敢背叛的。”项伯答应了他，对刘邦说：“明天你要自己亲自去向项王道歉。”刘邦说：“好。”于是项伯就连夜赶回军营，把刘邦的话报告了项羽，还趁机说：“如果不是刘邦先攻下关中，您又怎么敢进来呀？现在人家立了大功却还要攻打人家，这样做是不义的。还不如就此好好对待他。”项羽答应了他。

【原文】

沛公旦日从百馀骑来见项羽于鸿门，谢曰：“臣与将军戮力而攻秦，将军战河北，臣战河南，不自意能先入关破秦，得复见将军于此。今者有小人之言，令将军与臣有隙。”项羽曰：“此沛公左司马曹无伤言之。不然，籍何以至此！”项羽因留沛公与饮。范增数目项羽，举所佩玉玦以示之者三。项羽默然不应。范增起，出，召项庄，谓曰：“君王为人不忍。若入前为寿，寿毕，请以剑舞，因击沛公于坐，杀之。不者，若属皆且为所虏！”庄则入为寿，寿毕，曰：“军中无以为乐，请以剑舞。”项羽曰：“诺。”项庄拔剑起舞。项伯亦拔剑起舞，常以身翼蔽沛公，庄不得击。

【译文】

第二天一早，刘邦带着一百多士兵来到鸿门见项羽。刘邦道歉说：“我和将军您合力攻打秦国，您在黄河以北作战，我在黄河以南战斗。没想到自己能先攻入关中破秦，得以在这里与您重又相见。现在有小人搬弄是非，让您和我之间产生了隔阂。”项羽道：“这是您的左司马曹无伤散布的谣言，要不然我为何这样呢！”项羽因此留刘邦与他一同喝酒。范增向项羽使眼色，并数次举起他所佩带的玉玦暗示项羽杀死刘邦。项羽只是默然不语，毫无反应。范增便起身出去，招来项庄，对他说：“项王为人心慈手软，还是你进去上前给刘邦敬酒，敬完酒后，你就请求表演舞剑，然后乘机杀死刘邦。要不然我们都会成为刘邦的阶下囚！”项庄便入内为刘邦敬酒，敬完酒后，项庄说：“军营中没有什么可以取乐的，就让我为你们舞剑尽兴吧。”项羽说：“好。”于是项庄拔剑起舞。项伯见状也起身拔剑起舞，时时用身子为刘邦遮护，让项庄无法行刺。

【原文】

于是张良至军门见樊哙。哙曰：“今日之事何如?”良曰：“今项庄拔剑舞，其意常在沛公也。”哙曰：“此迫矣，臣请入，与之同命!”哙即带剑拥盾入。军门卫士欲止不内，樊哙侧其盾以撞，卫士仆地。遂入，披帷立，瞋目视项羽，头发上指，目眦尽裂。项羽按剑而跽曰：“客何为者?”张良曰：“沛公之参乘樊哙也。”项羽曰：“壮士！赐之卮酒!”则与斗卮酒。哙拜谢，起，立而饮之。项羽曰：“赐之彘肩！”则与一生彘肩。樊哙覆其盾于地，加彘肩其上，拔剑切而啖之。项羽曰：“壮士能复饮乎？”樊哙曰：“臣死且不避，卮酒安足辞！夫秦有虎狼之心，杀人如不能举，刑人如恐不胜，天下皆叛之。怀王与诸将约曰：‘先破秦入咸阳者，王之。’今沛公先破秦，入咸阳，毫毛不敢有所近，还军霸上以待将军。劳苦而功高如此，未有封爵之赏，而听细人之说，欲诛有功之人，此亡秦之续耳，窃为将军不取也！”项羽未有以应，曰：“坐！”樊哙从良坐。

坐须臾，沛公起如厕，因招樊哙出。沛公曰：“今者出，未辞也，为之奈何？”樊哙曰：“如今人方为刀俎，我方为鱼肉，何辞为！”于是遂去。鸿门去霸上四十里，沛公则置车骑，脱身独骑；樊哙、夏侯婴、靳强、纪信等四人持剑、盾步走，从骊山下道芷阳，间行趣霸上。留张良使谢项羽，以白璧献羽，玉斗与亚父。沛公谓良曰：“从此道至吾军，不过二十里耳。度我至军中，公乃入。”沛公已去，间至军中，张良入谢曰：“沛公不胜杯杓，不能辞，谨使臣良奉白璧一双，再拜献将军足下；玉斗一双，再拜奉亚父足下。”项羽曰：“沛公安在？”良曰：“闻将军有意督过之，脱身独去，已至军矣。”项羽则受璧，置之坐上。亚父受玉斗，置之地，拔剑撞而破之，曰：“唉！竖子不足与谋！夺将军天下者，必沛公也。吾属今为之虏矣！”沛公至军，立诛杀曹无伤。

【译文】

这时张良来到军门见樊哙。樊哙说："事情进行得怎么样了？"张良说："现在项庄正拔剑起舞，他的用意却常在沛公身上啊。"樊哙道："事情紧迫，我进去和他拼命！"樊哙随即带剑持盾闯入军门。军门的卫士想要阻止他，樊哙就侧过盾牌一撞，卫士扑倒在地。于是樊哙入内，掀开帷帐站立那里，睁大双目怒视着项羽，头发直竖，两边的眼角都睁裂开了。项羽手按佩剑，跪起身，说道："来人是干什么的？"张良说："是沛公的陪乘卫士樊哙。"项羽说："真是壮士啊！来人啊，赐给他一杯酒喝！"左右的侍从给樊哙倒了一斗酒。樊哙拜谢后，起身一饮而尽。项羽说："再赐给他猪腿吃！"侍从们却拿给他一条生猪腿。樊哙将他的盾牌倒扣在地上，把猪腿放在上面，拔出剑来切开大口吃着。项羽说："壮士，你还能再喝吗？"樊哙道："我连死都不怕，一杯酒难道还值得我推辞吗！秦王的心肠狠如虎狼，杀的人数都数不过来，用刑惩罚人唯恐不够，导致天下的人都起来反叛他。楚怀王曾与各路将领约定说：'先打败秦军进入咸阳城的人，在关中为王'。现在沛公最先击溃秦军，进入咸阳，毫毛般微小的东西都不敢染指，就率军返回霸上等待您的到来。这样劳苦功高，您不但不给予他封地、爵位的奖赏，还听信小人的谣言，要杀有功之人。这是在重蹈秦朝灭亡的覆辙呀，我认为您不应该这样做啊！”项羽无言以对，就说：“坐吧！”于是樊哙在张良的身边坐下了。

过了一会儿，刘邦起身去茅厕，趁机招呼樊哙出来。刘邦说：“我现在出来，没有辞别，怎么办啊？”樊哙道：“现在人家好比是屠刀和砧板，而我们则是砧板上的肉和鱼，既然都这样了，还告辞什么呀！”于是他们就走了。鸿门与霸上相距四十里，刘邦撇下车马，抽身独自骑马而行。樊哙、夏侯婴、靳强、纪信等四人手拿剑和盾牌，快步相随，经骊山下，取道芷阳，顺小路奔回霸上。留下张良，让他向项羽辞谢，把白璧敬献给项羽，大玉杯送给亚父范增。刘邦临行前对张良说：“从这条路到我们的军营，只不过二十里。估计着我到达军中之时，您再进去。”刘邦已经走了，顺小路回到军营，张良方才进去辞谢说：“沛公不胜酒力，无法前来告辞，谨派臣张良奉上白璧一双，敬献给将军您；大玉杯一双，敬呈给亚父您。”项羽说：“现在沛公在什么地方？”张良道：“他听闻您有责备他的意思，便独自离去，现在已经回到军中了。”项羽就接受了白璧，放在座席上。亚父范增接过玉杯后搁在地上，拔剑击碎了玉杯，说：“唉！这小子不值得与他共谋大业！夺取项王天下之人，肯定是刘邦。我们眼看着就要被他俘获了！”刘邦到达军中，立刻处死了曹无伤。

西楚霸王（卷九◎汉纪一）

【原文】

汉高帝元年

居数日，项羽引兵西，屠咸阳，杀秦降王子婴，烧秦宫室，火三月不灭，收其货宝、妇女而东。秦民大失望。

韩生说项羽曰："关中阻山带河，四塞之地，地肥饶，可都以霸。"项羽见秦宫室皆已烧残破，又心思东归，曰："富贵不归故乡，如衣绣夜行，谁知之者！"韩生退曰："人言楚人沐猴而冠耳，果然！"项羽闻之，烹韩生。

项羽使人致命怀王，怀王曰："如约。"项羽怒曰："怀王者，吾家所立耳，非有功伐，何以得专主约！天下初发难时，假立诸侯后以伐秦，然身被坚执锐首事，暴露于野三年，灭秦定天下者，皆将相诸君与籍之力也。怀王虽无功，固当分其地而王之。"诸将皆曰："善！"春正月，羽阳尊怀王为义帝，曰："古之帝者，地方千里，必居上游。"乃徙义帝于江南，都郴。

【译文】

汉高帝元年（乙未，公元前206年）

过了几天，项羽带兵西进，洗劫屠戮了咸阳城，杀死了投降的秦王子婴，放火焚烧了秦朝宫室，大火燃烧了三个月还没有熄灭。项羽的军队搜刮了秦朝的金银财宝与妇女回关东。秦地的百姓对此非常失望。

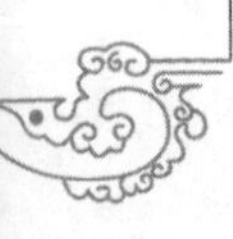

韩生劝说项羽道："关中依恃山川河流为屏障，是四面都有险要可守的地方，土地肥沃，可以在这里建都称霸。"项羽看到秦朝的宫室都已经被焚烧得残破不堪，又惦着返回东方的家乡，就说："富贵了而不回故乡，就好像穿锦绣华服在夜间行走，谁能看得见呢？"韩生退下去后说："人家说楚人像猕猴戴上人的帽子，果真如此！"项羽听说后，马上命人把韩生烹杀了。

项羽派人去通告楚怀王，怀王说："按以前的约定办。"项羽非常恼怒，说："怀王这个人是我家扶立起来的，并不是因为他有什么功绩，怎么能一个人做主定约呢！全国起兵反秦伊始，暂时拥立过去各诸侯国国君的后代为王，以利讨伐秦王朝。但是，身披铠甲、手持锐利兵器首先起事的，风餐露宿三年之久，最后灭亡秦朝平定天下的，都是各位将相和我的力量啊。怀王虽然没有什么功劳，却还是应该分给他一些土地，尊他为王。”众将领都说：“对啊！”春季正月，项羽便表面上尊推怀王为义帝，说道：“古代的帝王辖地千里，必定居住在江河的上游之地。”于是就把义帝迁移到长江以南，定都在长沙郡的郴县。

【原文】

二月，羽分天下王诸将。羽自立为西楚霸王，王梁、楚地九郡，都彭城。羽与范增疑沛公，而业已讲解，又恶负约，乃阴谋曰：“巴、蜀道险，秦之迁人皆居之。”乃曰：“巴、蜀亦关中地也。”故立沛公为汉王，王巴、蜀、汉中，都南郑。而三分关中，王秦降将，以距塞汉路：章邯为雍王，王咸阳以西，都废丘。长史欣者，故为栎阳狱掾，尝有德于项梁；都尉董翳者，本劝章邯降楚。故立欣为塞王，王咸阳以东，至河，都栎阳；立翳为翟王，王上郡，都高奴。项羽欲自取梁地，乃徙魏王豹为西魏王，王河东，都平阳。瑕丘申阳者，张耳嬖臣也，先下河南郡，迎楚河上，故立申阳为河南王，都洛阳。韩王成因故都，都阳翟。赵将司马卬定河内，数有功，故立卬为殷王，王河内，都朝歌。徙赵王歇为代王。赵相张耳素贤，又从入关，故立耳为常山王，王赵地，都襄国。当阳君黥布为楚将，常冠军，故立布为九江王，都六。番君吴芮率百越佐诸侯，又从入关，故立芮为衡

山王，都郴。义帝柱国共敖将军击南郡，功多，因立敖为临江王，都江陵。徙燕王韩广为辽东王，都无终。燕将臧荼从楚救赵，因从入关，故立荼为燕王，都蓟。徙齐王田市为胶东王，都即墨。齐将田都从楚救赵，因从入关，故立都为齐王，都临菑。项羽方渡河救赵，田安下济北数城，引其兵降项羽，故立安为济北王，都博阳。田荣数负项梁，又不肯将兵从楚击秦，以故不封。成安君陈馀弃将印去，不从入关，亦不封。客多说项羽曰："张耳、陈馀，一体有功于赵，今耳为王，馀不可以不封。"羽不得已，闻其在南皮，因环封之三县。番君将梅鋗功多，封十万户侯。

【译文】

二月，项羽划分天下土地，封各位将领做诸侯王。项羽自立为西楚霸王，管辖原魏国和楚国的九个郡，建都彭城。项羽和范增怀疑刘邦有夺得天下的野心，但是双方已经讲和，又不愿背上违约的罪名，于是就私下策划道："巴、蜀两地道路艰险，秦朝所流放的人都居住在那里。"随即宣称："巴郡、蜀郡也是关中的土地。"由此立刘邦为汉王，统辖巴、蜀两地和汉中郡，建都南郑。然后又把关中分割为雍、翟、塞三地，把秦朝的降将封到那里做王，借以抵御阻挡刘邦。封章邯为雍王，管辖咸阳以西地区，建都废丘。长史司马欣以前曾是栎阳县的狱椽，曾对项梁有恩；而都尉董翳，曾劝过章邯归降楚军。因此便立司马欣为塞王，统领咸阳以东至黄河一带，建都栎阳；封董翳为翟王，管辖上郡地区，建都高奴。项羽想要自己占有魏地，就改封魏王豹为西魏王，统辖河东郡，建都平阳。瑕丘县的申阳是张耳的宠臣，曾经率先攻下河南郡，在黄河边迎接楚军，所以立申阳为河南王，建都洛阳。韩王成仍居旧都，建都阳翟。赵将司马卬平定了河内郡，多次立功，所以封司马卬为殷王，管辖河内地区，建都朝歌。改封赵王歇为代王。赵国的相国张耳向来贤能，又跟随项羽入关，便立张耳为常山王，统领赵地，建都襄国。当阳君黥布为楚将，常常是勇冠三军，便封黥布为九江王，建都六地。番郡吴芮率领百越部族之兵协助诸侯军，也随从进关，因此封吴芮为衡山王，建都邾县。义帝怀王柱国共敖领兵攻打南郡，功劳卓著，故封共敖为临江王，建都江陵。改封燕王韩广为辽东王，建都无终。燕将臧荼跟随楚军救援赵国，随即跟着入关，由此立臧荼为燕王，建都蓟地。改封齐王田市为胶东王，建都即墨。齐将田都随楚军救赵，随即跟着进关，所以立田都为齐王，建都临淄。当初项羽正要渡河救赵时，齐王田建的孙子田安攻下济北数城，率领他的军队投降项羽，因此封田安为济北王，建都博阳。田荣曾多次背弃项梁，又不肯领兵跟随楚军攻秦，所以不封。成安君陈馀抛弃将军的印信离去，不追随入关，也不封。宾客中有多人劝说项羽道：“张耳、陈馀都对赵有功，

现在既封张耳为王，陈馀也就不能不封。”项羽不得已，听说陈馀正在南皮，就把南皮周围的三个县封给了他。番君的部将梅鋗功劳颇多，即封他为十万户侯。

【原文】

汉王怒，欲攻项羽，周勃、灌婴、樊哙皆劝之。萧何谏曰：“虽王汉中之恶，不犹愈于死乎？”汉王曰：“何为乃死也？”何曰：“今众弗如，百战百败，不死何为！夫能诎于一人之下而信于万乘之上者，汤、武是也。臣愿大王王汉中，养其民以致贤人，收用巴、蜀，还定三秦，天下可图也。”汉王曰：“善！”乃遂就国，以何为丞相。

汉王赐张良金百镒、珠二斗；良具以献项伯。汉王亦因令良厚遗项伯，使尽请汉中地，项王许之。

夏，四月，诸侯罢戏下兵，各就国。项王使卒三万人从汉王之国。楚与诸侯之慕从者数万人，从杜南入蚀中。张良送至褒中，汉王遣良归韩；良因说汉王烧绝所过栈道，以备诸侯盗兵，且示项羽无东意。

【译文】

汉王刘邦大发雷霆，想要攻打项羽，周勃、灌婴、樊哙都顺应他。萧何劝说他：“在汉中当王虽然不好，但是比死不是强很多吗？”汉王道：“哪里至于死呀？”萧何说：

“现在您兵众没有项羽多，屡战屡败，不死还能怎么样呢！能屈居于一人之下而伸展于万乘大国之上的，是商汤王和周武王这样的人啊。我希望大王您立足汉中，安抚百姓，招引贤才，收用巴、蜀二郡的资财，然后挥师东进，平定雍、翟、塞三秦之地，这样天下就可以夺取了。”汉王说：“好吧！”于是就来到了他的封地，以萧何为丞相。

汉王赐给张良黄金百镒、珍珠两斗，张良把这些东西全都送给了项伯。汉王因此也命张良赠送厚礼给项伯，让项伯代他请求项羽把汉中地区全部封给刘邦，项羽答应了这个请求。

夏季，四月，各路诸侯都离开主帅项羽，回到了自己的封国去。项羽派三万士兵随从汉王刘邦前往他的封国。楚军与其他诸侯军中因仰慕而追随汉王的有好几万人，他们从杜县南面进入蚀中通道。张良送行到褒中，汉王命张良回到韩王那里去。于是张良就劝说汉王烧断他们所经过的栈道，以防备各国诸侯来犯，并向项羽表明没有东还的意图。

【原文】

田荣闻项羽徙齐王市于胶东，而以田都为齐王，大怒。五月，荣发兵距击田都，都亡走楚。荣留齐王市，不令之胶东。市畏项羽，窃亡之国。荣怒，六月，追击杀市于即墨，自立为齐王。是时，彭越在钜野，有众万馀人，无所属。荣与越将军印，使击济北。秋，七月，越击杀济北王安。荣遂并王三齐之地，又使越击楚。项王命萧公角将兵击越，越大破楚军。

张耳之国，陈馀益怒曰："张耳与馀，功等也；今张耳王，馀独侯，此项羽不平！"乃阴使张同、夏说说齐王荣曰："项羽为天下宰不平，尽王诸将善地，徙故王于丑地。今赵王乃北居代，馀以为不可。闻大王起兵，不听不义。愿大王资馀兵击常山，复赵王，请以赵为扞蔽！"齐王许之，遣兵从陈馀。

【译文】

田荣听闻项羽改封齐王田市到胶东，而立齐将田都为齐王，非常恼怒。五月，田荣出兵攻打田都，田都逃往楚国。田荣就留下齐王田市，不让他到胶东去。田市害怕项羽，就偷偷逃往他的封国胶东。田荣大怒，六月，就追击到即墨把田市杀死，自立为齐王。这时彭越在钜野，拥有兵众一万多人，还没有归属。田荣就授给彭越将军官印，派他攻打济北王田安。秋季，七月，彭越击杀了济北王田安。田荣于是兼并了济北、齐、胶东三齐的土地，然后又让彭越攻打楚国。项羽命萧公角带兵攻打彭越，彭越大败楚军。

张耳去到封国，陈馀更加愤怒了，说道："张耳和我功劳相同。现在张耳已经为王，我却只是个侯，这是项羽分封

不公平!”就暗中派遣张同、夏说去游说齐王田荣道:“项羽作为天下的主宰非常不公平,他把好的领土都分封给了各将领,把原来的诸侯国君王改封到不好的地方。现在赵王就往北住到代郡去了,我认为这是不行的。听说大王您起兵抗争,不听从项羽的不道义的命令。因此希望您能资助我兵力去攻打常山,恢复赵王的王位,还请把赵国作为齐国的外围藩屏!”齐王田荣答应了他,便派兵支持陈馀。

韩信拜将（卷九◎汉纪一）

【原文】

汉高帝元年

初，淮阴人韩信，家贫，无行，不得推择为吏，又不能治生商贾，常从人寄食饮，人多厌之。信钓于城下，有漂母见信饥，饭信。信喜，谓漂母曰："吾必有以重报母。"母怒曰："大丈夫不能自食，吾哀王孙而进食，岂望报乎！"淮阴屠中少年有侮信者曰："若虽长大，好带刀剑，中情怯耳。"因众辱之曰："信能死，刺我；不能死，出我袴下！"于是信孰视之，俛出袴下，蒲伏。一市人皆笑信，以为怯。

及项梁渡淮，信杖剑从之，居麾下，无所知名。项梁败，又属项羽，羽以为郎中。数以策干羽，羽不用。汉王之入蜀，信亡楚归汉，未知名。为连敖，坐当斩，其辈十三人皆已斩，次至信，信乃仰视，适见滕公，曰："上不欲就天下乎？何为斩壮士？”滕公奇其言，壮其貌，释而不斩，与语，大说之，言于王。王拜以为治粟都尉，亦未之奇也。

【译文】

汉高帝元年（乙未，公元前206年）

当初，淮阴人韩信，家境贫困，没有好的德行，不能被推选去做官，又不会经商做买卖谋生，经常跟着别人混吃喝，人们都非常讨厌他。韩信曾在城下钓鱼，有位在水边漂洗丝绵的老太太看到他饿了，就拿出饭来给他吃。韩信很高兴，对那位老太太说：“我一定会重重报答您老人家的。”老太太听后生气地说：“男子汉大丈夫不能自己养活自己，我只不过是可怜你这位公子才给你饭吃，难道是指望你报答我吗？”淮阴县中有个年轻人侮辱韩信道：“虽然你身材高大，喜欢带刀佩剑，但心里却是胆小的。”还当众羞辱他说：“韩信你如果真的不怕死，就拿剑来刺我；要是怕死，就从我的胯下爬过去！”韩信仔细看了看那个青年，便俯下身子从他的胯下爬了过去。满街市的人都嘲笑韩信，说他胆小怕事。

等到项梁渡过淮河北上，韩信带着剑去投奔他。他留在项梁部下，一直默默无闻。项梁失败后，韩信又归属项羽，项羽让他担任郎中之职。韩信曾多次向项羽献策以求重用，但是项羽却不予采纳。汉王刘邦进入蜀中，韩信又逃离楚军归顺了汉王，仍然不为人所知，只做了接待宾客的小官。后来韩信犯了罪，应该判处斩刑，和他同案的十三人都已经被斩首，轮到韩信的时候，韩信抬头仰望，刚好看到了滕公夏侯婴，便说道："难道汉王不想夺取天下吗？为什么要斩杀壮士呢？"滕公觉得他说的话不同凡响，又见他外表威武雄壮，就让人把他释放了。滕公与他交谈之后，非常喜欢他，就把这事告诉了汉王。于是汉王让韩信担任治粟都尉的官职，但并没有看出韩信有什么不寻常之处。

【原文】

信数与萧何语，何奇之。汉王至南郑，诸将及士卒皆歌讴思东归，多道亡者。信度何等已数言王，王不我用，即亡去。何闻信亡，不及以闻，自追之。人有言王曰："丞相何亡。"王大怒，如失左右手。居一二日，何来谒王。王且怒且喜，骂何曰："若亡，何也？"何曰："臣不敢亡也，臣追亡者耳。"王曰："若所追者谁？"何曰："韩信也。"王复骂曰："诸将亡者以十数，公无所追；追信，诈也！"何曰："诸将易得耳，至如信者，国士无双。王必欲长王汉中，无所事信；必欲争天下，非信无可与计事者。顾王策安所决耳。"王曰："吾亦欲东耳，安能郁郁久居此乎！"何曰："计必欲东，能用信，信即留；不能用信，终亡耳。"王曰："吾为公以为将。"何曰："虽为将，信不留。"王曰："以为

大将。”何曰：“幸甚！”于是王欲召信拜之。何曰：“王素慢无礼，今拜大将，如呼小儿，此乃信所以去也。王必欲拜之，择良日，斋戒，设坛场，具礼，乃可耳。”王许之。诸将皆喜，人人各自以为得大将。至拜大将，乃韩信也，一军皆惊。

【译文】

韩信多次与萧何交谈，萧何感觉他不同于常人。汉王到达南郑时，众将领和士兵时常唱着家乡的歌曲思念故乡，有很多人在途中就逃跑了。韩信估计萧何已经多次向汉王荐举过他，但是汉王没有重用于他，便也逃亡而去。萧何听说韩信逃走了，来不及把这件事告诉汉王，就自己去追赶韩信去了。有人报告汉王说：“丞相萧何逃跑了。”汉王非常恼怒，就好像失去了左右手一样。过了两天，萧何回来拜见汉王。汉王又喜又怒，责骂萧何道：“你为什么要逃跑？”萧何说：“我哪敢逃跑，我只是去追赶逃跑之人。”汉王说：“你追的人是谁？”萧何道：“是韩信。”汉王又骂道：“将领们逃跑的那么多，你都不去追，却说是追韩信，是骗人的吧！”萧何说：“以前的那些将领很容易得到。但是像韩信这样的人，是天下无双的杰出人才啊。如果大王您只想长久地在汉中称王，自然没有用得着韩信的地方；如果您要争霸天下，除了韩信，就没有可与您图谋大业之人了。现在只看您做哪种选

择了!”汉王说:“我也想要东进,怎么能总是在这里忧郁沉闷地待着啊!”萧何道:“如果您决定要向东发展,那么就要任用韩信,韩信就会留下来;若是不能重用他,他终究还是会逃跑的。”汉王说:“那我就看在你的面上让他担任将军之职吧。”萧何说:“就算是做将军,韩信也不会留下来。”汉王道:“那就让他做大将军吧。”萧何说:“那就太好了!”于是汉王就想召见韩信授给他官职。萧何说:“大王您向来傲慢无礼,现在要任命大将军,就像呼喝小孩儿似的,这就是韩信要离开的原因。如果您要授给他官职,就应当选择一个好日子,进行斋戒,设置拜将的坛台和广场,准备举行授职的完备仪式,这才可以啊。”汉王答应了萧何的请求。众将听闻此事都非常高兴,每个人都以为自己会得到大将军的职位。但等到任命大将军的时候,竟然是韩信,全军都惊讶不已。

【原文】

信拜礼毕,上坐。王曰:“丞相数言将军,将军何以教寡人计策?”信辞谢,因问王曰:“今东乡争权天下,岂非项王耶?”汉王曰:“然。”曰:“大王自料,勇悍仁强孰与项王?”汉王默然良久,曰:“不如也。”信再拜贺曰:“惟信亦以为大王不如也。然臣尝事之,请言项王之为人也:项王喑噁叱咤,千人皆废,然不能任属贤将;此特匹夫之勇耳。项王见人，恭敬慈爱，言语呕呕，人有疾病，涕泣分食饮；至使人，有功当封爵者，印刓敝[①]，忍不能予；此所谓妇人之仁也。项王虽霸天下而臣诸侯，不居关中而都彭城；背义帝之约，而以亲爱王诸侯，不平；逐其故主而王其将相，又迁逐义帝置江南，所过无不残灭，百姓不亲附，特劫于威强耳。名虽为霸，实失天下心，故其强易弱。今大王诚能反其道，任天下武勇，何所不诛！以天下城邑封功臣，何所不服！以义兵从思东归之士，何所不散！且三秦王为秦将，将秦子弟数岁矣，所杀亡不可胜计；又欺其众，降诸侯，至新安，项王诈坑秦降卒二十馀万，唯独邯、欣、翳得脱。秦父兄怨此三人，痛入骨髓。今楚强以威王此三人，秦民莫爱也。大王之入武关，秋毫无所害；除秦苛法，与秦民约法三章；秦民无不欲得大王王秦者。于诸侯之约，大王当王关中，关中民咸知之；大王失职入汉中，秦民无不恨者。今大王举而东，三秦可传檄而定也。”于是汉王大喜，自以为得信晚，遂听信计，部署诸将所击；留萧何收巴、蜀租，给军粮食。

【注释】

①刓敝：棱角磨损。

【译文】

韩信的授任仪式结束之后，汉王就座。汉王说：“丞相屡次向我称道您，您拿什么计策来指教我呢？”韩信谦让了一番，对汉王问道：“现在向东去夺取天下，您的对手不就是项羽吗？”汉王说：“对啊。”韩信说：“大王您估量一下，在勇敢、猛悍、仁爱、刚强等方面，您与项羽比谁强呢？”汉王沉默了很长时间，说：“我不如他。”韩信向汉王拜了两拜，称赞道：“我韩信也认为大王您在这些方面不如项羽。但我以前曾事奉过项羽，就让我来说说他的为人吧。项羽发怒呵斥的时候，千百人都吓得不敢动一下，但他却不能任用有德才的将领，他这只是匹夫之勇罢了。项羽待人，言语温和，恭敬慈爱，别人生了病，他会怜惜地流下泪来，把自己吃的东西分给病人；但当所任用的人立了大功，应该封赏官位的时候，他却把刻好的印捏在手里，把玩得磨去了棱角还舍不得授给人家，这就是人们所说的妇人的仁慈。虽然现在项羽已经称霸天下，让诸侯臣服，但却不占据关中而是建都彭城；背弃义帝怀王的约定，把自己亲信偏爱的将领分封为王，诸侯愤愤不平；他还驱逐原来的诸侯国君王，而让诸侯国的将相为王，又把义帝驱赶到江南；他的军队所经过的地方没有不遭残害毁灭的，百姓们都不愿意依附亲近他，而只不过是迫于他的威势勉强归顺罢了。虽然项羽名义上是霸主，实际上他已经失去天下人的心了，所以他的强势已经在转化为软弱。如果现在大王您真的能反其道而行之，任用天下英勇善战之人，那还有什么敌人不能被诛灭呢！把天下的城邑封给有功之臣，那还有什么人会不心悦诚服的呢！用正义的军事行动去顺应惦念东归故乡的将士们，还有什么敌人不会被打倒、击溃的呢！而且分封到秦地的三个王都是以前秦朝的将领，他们率领秦朝的子弟作战已经有好几年了，被杀死和逃亡的人已经多得数不清了，但他们欺骗自己的部下，投降了诸侯军，结果到达新安时，遭项羽诈骗而活埋的秦军降兵有二十多万人，只有章邯、司马欣、董翳得以脱身。秦地的父老兄弟们都怨恨这三个人，恨得痛彻骨髓。现在项羽仗着自己的威势，强行把这三人封为王，秦地的百姓没有爱戴他们的。大王您进入武关的时候，秋毫无犯，废除了秦朝的严刑苛法，与秦地的百姓约法三章，秦地的百姓没有人不希望您在关中做王。还有按照原来与诸侯的约定，大王您理当在关中称王，这一点关中的百姓都知道。您失去了应得的王位而去汉中，因为这件事秦地的百姓没有不怨恨的。现在大王您起兵向东，三秦之地只要发布一道征讨的文书就可以平定了。”汉王听后非常高兴，认为得到韩信这个人才实在是太迟了，随即就听从韩信的计划，部署众将领所要攻击的路线。留下萧何收取巴、蜀两郡的租税，为军队供给粮食。

半壁江山（卷十◎汉纪二）

【原文】

汉高帝四年

冬，十月，信袭破齐历下军，遂至临淄。齐王以郦生为卖己，乃烹之；引兵东走高密，使使之楚请救。田横走博阳，守相田光走城阳，将军田既军于胶东。

楚大司马咎守成皋，汉数挑战，楚军不出。使人辱之，数日，咎怒，渡兵汜水。士卒半渡，汉击之，大破楚军，尽得楚国金玉、货赂，咎及司马欣皆自刭汜水上。汉王引兵渡河，复取成皋，军广武，就敖仓食。

项羽下梁地十馀城，闻成皋破，乃引兵还。汉军方围钟离昧于荥阳东，闻羽至，尽走险阻。羽亦军广武，与汉相守。数月，楚军食少。

项王患之，乃为俎，置太公其上，告汉王曰："今不急下，吾烹太公！”汉王曰：“吾与羽俱北面受命怀王，约为兄弟，吾翁即若翁；必欲烹而翁，幸分我一杯羹！”项王怒，欲杀之。项伯曰：“天下事未可知。且为天下者不顾家，虽杀之，无益，只益祸耳！”项王从之。

【译文】

汉高帝四年（戊戌，公元前203年）

冬天，十月，韩信击败了齐国的历下守军，一直攻打到齐国的都城临淄。齐王田广认为郦食其出卖了自己，就把他放到水中烹杀了。然后带兵向东逃往高密，派使者到楚国去请求支援。田横逃奔博阳，田光逃奔城阳，将军田既将军队驻扎在胶东。

楚国大司马曹咎驻守成皋，汉军屡次挑战，楚军就是坚守不战。于是汉军派人到阵前百般辱骂曹咎，连着几天，曹咎被激怒了，就带兵横渡汜水。楚国士兵刚渡过一半，汉军就开始攻击，大败楚军，缴获了楚国的金银玉器和财物，曹咎和长史司马欣都在汜水之畔自杀身亡。汉王随即领兵渡过黄河，再次攻取成皋，将军队驻扎在广武，就近取用敖仓的粮食作军粮。

项羽占领了梁地十多个城邑后，听说成皋被攻破，就带领军队返回。这时汉军正在荥阳东面围攻钟离眛，听说项羽大军到了，就全部撤往险要的地方防守。项羽也在广武驻扎下来，与汉军对峙。就这样过去了几个月，楚军粮食严重缺少。项羽非常担心，便架设肉案，把刘邦的父亲放到上面，派人告诉汉王说："如果今天你不前来投降，我就水煮了太公！"汉王道："我曾与你一起面向北作为臣子接受楚怀王之命，明誓结为异姓兄弟，所以我的父亲就犹如你的父亲。如果你一定要水煮你的父亲，那么希望你也分给我一杯肉羹！"项羽很生气，想要杀死太公。项伯说："天下之事不可预料。况且有志争夺天下之人是不顾及自己家人的，就算杀死太公也没有什么好处，不过徒增祸患罢了！"项羽听从了项伯的话。

【原文】

项王谓汉王曰："天下匈匈数岁者，徒以吾两人耳。愿与汉王挑战，决雌雄，毋徒苦天下之民父子为也！"汉王笑谢曰："吾宁斗智，不能斗力！"项王三令壮士出挑战，汉有善骑射者楼烦辄射杀之。项王大怒，乃自被甲持戟挑战。楼烦欲射之，项王瞋目叱之，楼烦目不敢视，手不敢发，遂走还入壁，不敢复出。汉王使人间问之，乃项王也，汉王大惊。

于是项王乃即汉王，相与临广武间而语。羽欲与汉王独身挑战。汉王数羽曰："羽负约，王我于蜀、汉，罪一；矫杀卿子冠军，罪二；救赵不还报，而擅劫诸侯兵入关，罪三；烧秦宫室，掘始皇帝冢，收私其财，罪四；杀秦降王子婴，罪五；诈坑秦子弟新安二十万，罪六；王诸将善地而徙逐故王，罪七；出逐义帝彭城，自都之，夺韩王地，并王梁、楚，多自与，罪八；使人阴杀义帝江南，罪九；为政不平，主约不信，天下所不容，大逆无道，罪十也。吾以义兵从诸侯诛残贼，使刑馀罪人击公，何苦乃与公挑战！”羽大怒，伏弩射中汉王。汉王伤胸，乃扪足曰：“虏中吾指。”汉王病创卧，张良强请汉王起行劳军，以安士卒，毋令楚乘胜。汉王出行军，疾甚，因驰入成皋。

【译文】

项羽对汉王说：“天下沸沸扬扬地闹腾了好几年了，只是由于我们两人相持不下的原因。现在我向你挑战，一决雌雄，我不想再让老百姓白白地忍受痛苦煎熬了！”汉王笑了笑推辞道：“我宁愿斗智，不愿斗力！”项羽便再三命楚军壮士出阵挑战，但每次都被汉军营中善于骑射的楼烦射杀了。项羽勃然大怒，就亲自披甲持戟上阵挑战。楼烦又想射死项羽，项羽见状，愤怒地瞪着眼睛大声呵斥，楼烦不敢直视项羽，双手也不敢张弓发箭，便奔回营垒，不敢再上阵露面了。汉王派人打探那挑战之人是谁，士兵回报是项羽，汉王非常吃惊。

于是项羽与汉王相见，相互隔着广武涧交谈。项羽想单

独向汉王挑战。汉王历数项羽的罪过说："你违背先约，封我到蜀、汉为王，这是第一条罪状；假托怀王之命，杀害卿子冠军宋义，这是第二条罪状；救赵之后不回报怀王，还擅自胁迫诸侯军入关，这是第三条罪状；焚烧秦朝宫室，掘毁秦始皇陵墓，盗取财物据为己有，这是第四条罪状；诛杀归降的秦王子婴，这是第五条罪状；用诈骗的手段，在新安活埋了归顺的二十万秦兵，这是第六条罪状；把好的领土分封给各个自己宠信的将领，却迁徙放逐原来的诸侯王，这是第七条罪状；把义帝驱逐出彭城，自己在那里建都，侵夺韩王的封地，并在梁、楚之地称霸，扩充自己的领土，这是第八条罪状；派人去江南暗中谋杀义帝，这是第九条罪状；执政不公平，主持盟约不守信义，天下所不容，实属大逆不道，这是第十条罪状。现在我带领正义之军随从各诸侯一同征讨你这乱臣贼子，只须让那些受过刑罚的罪犯来攻打你就可以了，我为什么要和你单独挑战呢！"项羽听后非常恼怒，用弩箭射中了汉王。汉王胸部受伤，却摸着脚说："这贼子射中我的脚趾了！"汉王受了创伤要卧床休息，但张良坚持请他起身去军中抚慰将士，以安定军心，不要让楚军乘势取胜。于是汉王带伤出去巡视军营，伤势加重，因而赶赴成皋养伤。

【原文】

韩信已定临淄，遂东追齐王。项王使龙且将兵，号二十万，以救齐，与齐王合军高密。

客或说龙且曰：“汉兵远斗穷战，其锋不可当。齐、楚自居其地，兵易败散。不如深壁，令齐王使其信臣招所亡城。亡城闻王在，楚来救，必反汉。汉兵二千里客居齐地，齐城皆反之，其势无所得食，可无战而降也。”龙且曰：“吾平生知韩信为人，易与耳！寄食于漂母，无资身之策；受辱于袴下，无兼人之勇，不足畏也。且夫救齐，不战而降之，吾何功！今战而胜之，齐之半可得也。”

十一月，齐、楚与汉夹潍水而陈。韩信夜令人为万馀囊，满盛沙，壅水上流，引军半渡击龙且，佯不胜，还走。龙且果喜曰：“固知信怯也！”遂追信。信使人决壅囊，水大至，龙且军太半不得渡。即急击杀龙且，水东军散走，齐王广亡去。信遂追北至成阳，虏齐王广。汉将灌婴追得齐守相田光，进至博阳。田横闻齐王死，自立为齐王，还击婴，婴败横军于嬴下。田横亡走梁，归彭越。婴进击齐将田吸于千乘，曹参击田既于胶东，皆杀之，尽定齐地。

【译文】

韩信已经平定了临淄，又向东追赶齐王田广。项羽派龙且带兵，号称二十万大军，前来救援齐国，在高密与齐王的军队会合。

宾客中有人劝龙且说："汉军远离本土，拼死战斗，锋芒锐不可当。而齐、楚两军在自己的领土上作战，士兵容易逃离。所以不如修筑深沟高垒固守，让齐王派遣他的心腹大臣去招抚已经丢失的城邑。已经落入汉军之手的城邑听说自己的君王还在，而且楚军已来救援时，肯定会反叛汉军。汉军客居在远离本土两千里的齐地，如果齐国的城邑全都反叛，汉军必定无法取得粮草，如果这样我们就可以不战而使汉军归降。"龙且说："我向来很了解韩信的为人，他非常容易对付！他曾依赖漂洗丝绵的老太太给他饭吃，根本没有自己养活自己的能力；还蒙受从人胯下爬过去的耻辱，根本没有胜于他人的勇气，这样的人根本不用害怕。况且现在救援齐国，不用打仗就让汉军主动投降，我还有什么功劳可谈呢！现在与他交锋而战胜了他，齐国的一半就可以归我所有了。"

十一月，齐、楚两国军队与汉军隔着潍水摆开阵势。韩信派人连夜做了一万多个袋子，袋子里面装满了沙土，堵塞在潍水的上游，然后带领一支军队渡河去袭击龙且，然后假装战败，逃回军营。龙且非常高兴地说："我就知道韩信是一个胆小如鼠的人嘛！"于是便带着军队渡潍水追击韩信。韩信等楚军渡过一半的时候，派人挖开堵塞在潍水上游的沙袋，大水奔泻而下，因此龙且的军队大部分都没能渡过河去。韩信带着军队开始反击，杀了龙且，阻留在潍水东岸的齐、楚军四散奔逃，齐王田广也逃亡了。韩信追逐败兵到了城阳，俘获了齐王田广。汉军将领灌婴追击并捉住了齐相田光，进军到博阳。田横听说齐王田广已经死了，就自立为齐王，回头迎击灌婴的队伍，灌婴在嬴城下打败了田横的军队。田横逃向梁地，归顺了彭越。灌婴又进军到千乘攻打齐将田吸，曹参在胶东攻打田既，把田吸、田既都杀了，平定了齐地。

【原文】

韩信使人言汉王曰："齐伪诈多变，反覆之国也；南边楚，请为假王以镇之。"汉王发书，大怒，骂曰："吾困于此，旦暮望若来佐我，乃欲自立为王！"张良、陈平蹑汉王足，因附耳语曰："汉方不利，宁能禁信之自王乎！不如因而立之，善遇，使自为守。不然，变生。"汉王亦悟，因复骂曰："大丈夫定诸侯，即为真王耳，何以假为！"春，二月，遣张良操印立韩信为齐王，征其兵击楚。

项王闻龙且死，大惧，使盱台人武涉往说齐王信曰："天下共苦秦久矣，相与戮力击秦。秦已破，计功割地，分土而王之，以休士卒。今汉王复兴兵而东，侵人之分，夺人之地，已破三秦，引兵出关，收诸侯之兵以东击楚，其意非尽吞天下者不休，其不知厌足如是甚也！且汉王不可必：身居项王掌握中数矣，项王怜而活之；然得脱，辄倍约，复击项王，其不可亲信如此。今足下虽自以与汉王为厚交，为之尽力用兵，必终为所禽矣。足下所以得须臾至今者，以项王尚存也。当今二王之事，权在足下，足下右投则汉王胜，左投则项王胜。项王今日亡，则次取足下。足下与项王有故，何不反汉与楚连和，参分天下王之！今释此时而自必于汉以击楚，且为智者固若此乎？”韩信谢曰：“臣事项王，官不过郎中，位不过执戟；言不听，画不用，故倍楚而归汉。汉王授我上将军印，予我数万众，解衣衣我，推食食我，言听计用，故吾得以至于此。夫人深亲信我，我倍之不祥；虽死不易！幸为信谢项王！”

【译文】

韩信派人向汉王递上书信说：“齐国伪诈多变，是个反复无常的国家，它的南边又临近楚国。请允许我代理齐王去镇抚齐国。”汉王看完信后，非常生气，骂道：“我被困在这里，正盼望着你来协助我，你却想要自立为王！”张良、陈平连忙暗中踩汉王的脚，凑到他的耳边小声地说：“目前汉军正处在不利的形势中，难道你能禁止韩信擅自称王吗？现在还不如就趁势立他为王，好好地对待他，让他自行镇守齐国。要不然就可能会发生变故。”汉王听后也醒悟过来，因而改口说道："大丈夫平定了诸侯国，要做就做正式的齐王，为什么要当个代理齐王呢！"春季，二月，汉王派张良带着印信去封韩信为齐王，还征调他的部队向楚军进攻。

项羽得知龙且已死，感到十分害怕，于是派遣盱台人武涉去游说齐王韩信说："天下人受秦朝的暴政已经很长时间了，所以同心协力攻打秦朝。秦朝灭亡之后，诸侯军将领按照功劳的大小，划分了土地，分封为王，让士兵得到休整。现在汉王又兴兵东进，掠夺他人的领土，侵犯他人的王位，现在已经攻陷了三秦，还要再带兵出函谷关，收集各诸侯的军队向东去进攻楚国，他的意图是不吞并天下不罢休，他贪得无厌竟到了这样的地步！而且汉王是靠不住的，他好几次身落项王手中，项王因为可怜他给他留了一条活路，但他一脱身就背弃盟约，再次攻打项王，他就是这样不可亲近信赖的人。现在您虽然自以为与汉王交情深厚，为他尽心尽力地用兵打仗，但是最后还是要被他所擒的。您能苟延残喘到现在，就是由于项王还存在的原因啊。现在汉、楚两王的成与败，这其中的关键就在于您了，如果您向西依附汉王，汉王就会得胜；如果您向东投靠项王，项王就会得胜。倘若项王今天被消灭了，接着就会轮到您了。您和项王还有过一段交情，您为什么不反叛汉国，来与我们楚国讲和，以三分天下各自称王呢？现在如果放过这个大好时机，下决心投靠汉王来进攻楚国，作为智者应该是这个样子

的吗？”韩信辞谢道：“我以前事奉项王之时，官职只不过是个郎中，地位不过是个持戟的卫士。我说话项王不听，献计策项王不用，所以我才逃离了楚国归顺汉王。汉王给我大将军的官印，让我带领着几万人马，脱下他的衣服让我来穿，把他的食物让我吃，还对我言听计从，所以我才能有今天这个位置。汉王如此信任、亲近我，我背叛汉王是不吉利的。就算我死也不会改变跟着汉王的决定！希望您替我向项王致歉！”

【原文】

武涉已去，蒯彻知天下权在信，乃以相人之术说信曰：“仆相君之面，不过封侯，又危不安；相君之背，贵乃不可言。”韩信曰：“何谓也？”蒯彻曰：“天下初发难也，忧在亡秦而已。今楚、汉分争，使天下之人肝胆涂地，父子暴骸骨于中野，不可胜数。楚人起彭城，转斗逐北，乘利席卷，威震天下。然兵困于京、索之间，迫西山而不能进者，三年于此矣。汉王将数十万之众，距巩、雒，阻山河之险，一日数战，无尺寸之功，折北不救。此所谓智勇俱困者也。百姓罢极怨望，无所归倚；以臣料之，其势非天下之贤圣固不能息天下之祸。当今两主之命，县于足下，足下为汉则汉胜，与楚则楚胜。诚能听臣之计，莫若两利而俱存之，参分天下，鼎足而居，其势莫敢先动。夫以足下之贤圣，有甲兵之

众，据强齐，从赵、燕，出空虚之地而制其后，因民之欲，西乡为百姓请命，则天下风走而响应矣，孰敢不听！割大、弱强以立诸侯，诸侯已立，天下服听，而归德于齐。案齐之故，有胶、泗之地，深拱揖让，则天下之君王相率而朝于齐矣。盖闻‘天与弗取，反受其咎；时至不行，反受其殃’。愿足下熟虑之！”韩信曰：“汉王遇我甚厚，吾岂可乡利而倍义乎！”蒯生曰：“始常山王、成安君为布衣时，相与为刎颈之交；后争张黡、陈泽之事，常山王杀成安君泜水之南，头足异处。此二人相与，天下至欢也，然而卒相禽者，何也？患生于多欲而人心难测也。今足下欲行忠信以交于汉王，必不能固于二君之相与也，而事多大于张黡、陈泽者；故臣以为足下必汉王之不危己，亦误矣！大夫种存亡越，霸勾践，立功成名而身死亡，野兽尽而猎狗烹。夫以交友言之，则不如张耳之与成安君者也；以忠信言之，则不过大夫种之于勾践也：此二者足以观矣，愿足下深虑之！且臣闻‘勇略震主者身危，功盖天下者不赏’。今足下戴震主之威，挟不赏之功，归楚，楚人不信；归汉，汉人震恐。足下欲持是安归乎？”韩信谢曰：“先生且休矣，吾将念之。”后数日，蒯彻复说曰：“夫听者，事之候也；计者，事之机也。听过计失而能久安者鲜矣！故知者，决之断也；疑者，事之害也。审毫厘之小计，遗天下之大数，智诚知之，决弗敢行者，百事之祸也。夫功者，难成而易败，时者，难得而易失

也；时乎时，不再来！”韩信犹豫，不忍倍汉；又自以功多，汉终不夺我齐，遂谢蒯彻。因去，佯狂为巫。

项羽自知少助；食尽，韩信又进兵击楚，羽患之。汉遣侯公说羽请太公。羽乃与汉约，中分天下，割鸿沟以西为汉，以东为楚。九月，楚归太公、吕后，引兵解而东归。汉王欲西归，张良、陈平说曰：“汉有天下太半，而诸侯皆附；楚兵疲食尽，此天亡之时也。今释弗击，此所谓养虎自遗患也。”汉王从之。

【译文】

武涉离开后，蒯彻知道天下之胜负取决于韩信，便用看相人的说法劝韩信道：“我相您的面，不过是封个侯，又危险也不安全；相您的背，却是高贵得无法言表。”韩信说：“这是什么意思呢？”蒯彻道：“天下开始兴兵抗秦之时，所担心的只是能不能把秦朝灭掉罢了。而现在楚、汉相争，战火连年，让天下的百姓横遭惨死，父子老少的尸骨暴露在荒野之上，数也数不完。楚国人从彭城起兵，辗转作战，追逃逐败，乘着胜利势如卷席，威震天下。然而兵困京、索一带，被阻在成皋西方的山地中无法前行，到现在已经有三年的时间了。汉王带领数十万大军，在巩县、洛阳一带抵御楚军，凭借地形的险要，一天之内数次作战，却没有办法取得一点进展，而是受挫败逃，难以自救。这正是智慧用尽、勇

气使尽了。百姓被折腾得筋疲力尽，怨声震天，民心无所归倚。据我所知，如果在这种情况下没有圣贤之人出面，天下的祸乱就无法平息。现在楚、汉二王的命运就把握在您的手中：您为汉王效力，汉国就会获胜；您为楚王助威，楚国就会取胜。要是您真愿意听取我的计策，那就不如让楚、汉都不受损害，并存下去，您与他们共分天下，鼎足而立。这种形势一旦形成，便没有谁敢先行发动战争了。再凭着您的圣德贤才和拥兵众多，占据强大的齐国，迫令赵、燕两国顺从，出击项、刘兵力薄弱的地方以牵制住他们的后方，顺应百姓的意愿，向西去制止楚、汉纷争，为天下百姓解除疾苦、保全性命。这样，天下的百姓就会闻风响应您，还有谁敢不听从您的号令呢！然后您再分割大国、削弱强国以封立诸侯，诸侯被扶立起来后，天下的人便会顺从，都把功德归给齐国。您根据齐国原有的领土，控制住胶河、泗水流域，同时恭敬谦逊地对待各诸侯国，各国君王就要相继前来朝拜齐国表示愿意归顺了。我听说‘上天的赐予您不接受，反而会受到上天的惩罚；机会来到却不行动，反而会遭到贻误良机的灾祸’。所以，希望您能对这件事情仔细地考虑考虑！”韩信说：“汉王对我非常好，我怎能因贪图一己之私利而忘恩负义呢！”蒯彻说：“以前常山王张耳和成安君陈馀还是平民百姓之时，彼此就结成生死之交。待后来为张黡、陈泽的事发生争执构怨颇深时，常山王在泜水南面杀掉了成安

君，让成安君落了个身首分家的下场。这二人彼此交往的时候，他们的感情是天下最深的，然而最后却彼此厮杀，这又是为了什么呢？是因为祸患从无止境的欲望中产生，而这种欲望让人难以预料。现在您想要凭信义和忠诚与汉王交往，但是你们两个人的友好关系肯定不会比成安君、常山王二人的友情牢固，而且你们之间所涉及的事情又多比张黡、陈泽之类的事情大。所以我认为您相信汉王不会危害您，这种想法也是大错特错的！大夫文种保住了濒临灭亡的越国，让勾践称霸于诸侯国，但他自己功成名就后却被杀害，犹如野兽捕尽后猎狗即被烹杀一样。从结交朋友的角度来说，您与汉王的交情还不如张耳和陈馀的交情深；从忠诚信义的角度说，您对汉王的忠信又不比文种对勾践的忠信。这两点已经足够让您好好考虑考虑的了！希望您能仔细想一想。我还听说'勇敢和谋略过人，让君王为之震撼的人，自身就处在危险之中；功绩卓越，雄冠天下的人，便无法给予封赏'。现在您拥有震撼君主的威势，挟持无法封赏的功绩，归依楚国，楚国人不会相信您；归附汉王，汉王会因您而震惊恐惧。那么您带着这样的功绩和威势，想要到什么地方去安身呢？"韩信说道："您先不要再说了，我会仔细考虑这件事的。"

几天后，蒯彻又来劝说韩信，他说："能善于听取别人的意见，是事情成功的征兆；善于思索谋划，是事情成功的关键。不善于听取别人的意见，不善于思考谋划而能长久地维持安全的人，很少有！所以为人明智坚定，抉择事情就会果断；为人犹豫多疑，处理事情的时候就会带来危害。一味地在非常微小的细节问题上精打细算，遗漏那些关系国家生死存亡的大事，智慧足以预知应该如何去做事情，做出了最后的决定却不敢去做，就会为人生埋下祸根。做事，成功很难，失败很容易；时机，得到很难，失去很容易。时机错过了就不会再回来了！”韩信还是犹豫不决，不忍心背叛汉王，而且又自认为功劳多，汉王终究不会夺走自己手中的齐国，于是就谢绝了蒯彻。蒯彻离开了韩信，怕自己受到牵连便装疯做了巫师。

项羽明白现在楚军缺乏援助力量，而且粮食也快要吃完了，韩信又来进兵攻打楚军，他为此非常担忧。这时汉王派侯公前来劝说项羽，请求接汉王的父亲回去。于是项羽就和汉王定下了和约：二人平分天下，以战国时魏惠王所开的名为“鸿沟”的运河为界，鸿沟以西划归汉王，鸿沟以东划归楚王。九月，楚军将太公、汉王王后吕雉送归汉王，项羽随即带兵向东归去。汉王也想西行回国，张良、陈平劝说他道：“汉王您现在已经得到了大半个天下，诸侯又都来归附您；楚军疲惫没有粮草，现在是天赐灭楚的大好机会。现在把楚军放走而不去追击，这叫‘饲养猛虎给自己留下后患’呀。”汉王于是就听从了他们的意见，带领军队去追逐楚军。

垓下悲歌（卷十一◎汉纪三）

【原文】

汉高帝五年

冬，十月，汉王追项羽至固陵，与齐王信、魏相国越期会击楚；信、越不至，楚击汉军，大破之。汉王复坚壁自守，谓张良曰："诸侯不从，奈何?"对曰："楚兵且破，二人未有分地，其不至固宜；君王能与共天下，可立致也。齐王信之立，非君王意，信亦不自坚；彭越本定梁地，始，君王以魏豹故拜越为相国。今豹死，越亦望王，而君王不早定。今能取睢阳以北至谷城皆以王彭越，从陈以东傅海与齐王信。信家在楚，其意欲复得故邑。能出捐此地以许两人，使各自为战，则楚易破也。"汉王从之。于是韩信、彭越皆引兵来。

【译文】

汉高帝五年（己亥，公元前202年）

冬季，十月，汉王追击项羽到达固陵，与齐王韩信、魏国的相国彭越约定好时间一起合击楚军。但是韩信、彭越的军队没有来，楚军见机反击汉军，汉军大败。汉王只好又坚固营垒加强防守，他对张良说："诸侯不遵守信约，我们该怎么办啊？"张良回答道："楚军就快要被打败了，而韩信、彭越二人没有分得确定的领土，所以他们不应约前来，这也是意料之中的事。如果您能和他们一起共分天下，就可以立即把他们招来。齐王韩信的册封，并不是您的本意，韩信自己也不放心。彭越平定了梁地，您为了魏豹的原因，封彭越担任魏国相国。现在魏豹已经死了，彭越也想自己称王，但是您却不早做出决定。现在，您可以把从睢阳以北到谷城的地区都封给彭越，把从陈县以东到沿海地区划给韩信。韩信的家乡在楚地，他的本意也是想要得到自己故乡的土地。如果您愿意把这些领土分封给他们二人，让他们各自为自己的利益而战，那么楚国便非常容易被攻破了。"汉王听取了张良的意见。于是韩信、彭越都带着军队赶来参战。

【原文】

十二月，项王至垓下，兵少，食尽，与汉战不胜，入壁；汉军及诸侯兵围之数重。项王夜闻汉军四面皆楚歌，乃大惊曰："汉皆已得楚乎？是何楚人之多也？"则夜起，饮帐中，悲歌慷慨，泣数行下；左右皆泣，莫能仰视。于是项王乘其骏马名骓，麾下壮士骑从者八百馀人，直[①]夜，溃围南出驰走。平明，汉军乃觉之，令骑将灌婴以五千骑追之。项王渡淮，骑能属者才百馀人。至阴陵，迷失道，问一田父，田父绐曰："左。"左，乃陷大泽中，以故汉追及之。

【注释】

①直：同"至"。

【译文】

十二月，项羽到了垓下，兵少粮尽，和汉军交战没能取胜，便退入营垒固守。汉军这时与诸侯的军队把项羽的军营重重包围起来。到了晚上项羽听到了汉军四面都唱起楚歌，感到非常吃惊，说："现在汉军已经得到楚国的全部土地了吗？为什么楚人这么多？"便穿衣起身，在帐中独自喝酒，慷慨悲歌，泪下数行。侍从人员看到此种情景也都纷纷落泪，都不忍心抬头看。于是项羽骑上名叫乌骓的骏马，部下士兵也骑马相随，大概还有八百多人，乘夜突破汉军的重重包围向南逃跑。天大亮的时候，汉军才发现楚王已经逃跑了，汉王命骑将灌婴率五千名骑士追击。项羽渡过淮河，

能跟上他的骑兵仅一百多人。到达阴陵之后，项羽迷了路，便向一个农夫问路，农夫知道他是项羽，就骗他说："向左走。"项羽便带着部下向左走，却陷进了大沼泽地之中，因此汉军追赶上了他们。

【原文】

项王乃复引兵而东，至东城，乃有二十八骑，汉骑追者数千人。项王自度不得脱，谓其骑曰："吾起兵至今，八岁矣；身七十馀战，未尝败北，遂霸有天下。然今卒困于此，此天之亡我，非战之罪也！今日固决死，愿为诸君快战，必溃围，斩将，刈[①]旗，三胜之，令诸君知天亡我，非战之罪也。"乃分其骑以为四队，四乡。汉军围之数重。项王谓其骑曰："吾为公取彼一将。"令四面骑驰下，期山东为三处。于是项王大呼驰下，汉军皆披靡，遂斩汉一将。是时，郎中骑杨喜追项王，项王嗔目而叱之，喜人马俱惊，辟易数里。项王与其骑会为三处，汉军不知项王所在，乃分军为三，复围之。项王乃驰，复斩汉一都尉，杀数十百人。复聚其骑，亡其两骑耳。乃谓其骑曰："何如?"骑皆伏曰："如大王言!"

【注释】

①刈：斩杀。

【译文】

项羽又带着部下向东奔走，到达东城，与他同行的只有二十八个骑兵了，而汉军的骑兵有几千人。项羽知道自己是不能脱身了，便对骑兵们说："我从起兵到现在已经有八年了，身经七十多次战斗，从来都没有失败，这才称霸天下。但是今天被困到这里，这是天要亡我，并不是我用兵之错。今天定要一决生死，我愿意为你们痛快地打一仗，突破重围，斩杀敌将，砍倒汉旗，让你们知道是天要亡我，并不是我用兵之错。"然后他把人马分成四队，向四面冲杀。汉军已经把他们重重包围住。项羽便对他的骑兵们说："先看我为你们斩杀他一员大将！"然后下令骑士们从四面奔驰而下，约定在山的东边分三处会合。项羽大声叫喊策马飞奔而下，汉军都溃败散乱，项羽斩杀了一员汉将。这时，郎中骑杨喜从背后追击项羽，项羽瞪着双眼大声对着他呵斥，杨喜人和马都受到了惊吓，退避到了好几里之外。项羽便与他的骑兵们依次在三处会合，汉军不知道项羽具体在什么地方，于是分兵三路，又把他们包围住了。项羽奔驰冲杀，又斩杀了汉军的一名都尉，杀死一百多名汉军。项羽重新聚拢了骑兵，查看后发现只是损失了两名骑兵。项羽对他的骑兵们说："怎么样啊？"骑兵们都非常佩服地说："正像大王您所说的那样，战无不胜！"

【原文】

于是项王欲东渡乌江，乌江亭长檥船待，谓项王曰：“江东虽小，地方千里，众数十万人，亦足王也。愿大王急渡！今独臣有船，汉军至，无以渡。”项王笑曰：“天之亡我，我何渡为！且籍与江东子弟八千人渡江而西，今无一人还，纵江东父兄怜而王我，我何面目见之！纵彼不言，籍独不愧于心乎！”乃以所乘骓马赐亭长，令骑皆下马步行，持短兵接战。独籍所杀汉军数百人，身亦被十馀创。顾见汉骑司马吕马童，曰：“若非吾故人乎？”马童面之，指示中郎骑王翳曰：“此项王也！”项王乃曰：“吾闻汉购我头千金，邑万户；吾为若德。”乃自刎而死。王翳取其头；馀骑相蹂践争项王，相杀者数十人，最其后，杨喜、吕马童及郎中吕胜、杨武各得其一体。五人共会其体，皆是，故分其户，封五人皆为列侯。

楚地悉定，独鲁不下；汉王引天下兵欲屠之。至其城下，犹闻弦诵之声。为其守礼义之国，为主死节，乃持项王头以示鲁父兄，鲁乃降。汉王以鲁公礼葬项王于穀城，亲为发哀，哭之而去。诸项氏枝属皆不诛，封项伯等四人皆为列侯，赐姓刘氏；诸民略在楚者皆归之。

【译文】

这时项羽想要向东渡过乌江，乌江亭长把船停在岸边等着他，还对项羽说："江东虽然狭小，但土地方圆千里，民众几十万人，也足以称王的了。希望大王您快点渡过江去！这里只有我才有船，汉军来到的时候，他们无船渡江。"项羽笑了笑说："上天既要亡我，我还渡江干什么呀！而且我和江东子弟八千人渡江西征，现在没有一个人归还，纵使江东父老怜爱我，还称我为王，我还有什么颜面去见他们呢！就算他们不说什么，我也会感到心中有愧啊！"于是项羽把自己最喜爱的骏马送给了亭长，下令骑兵都下马步行，手拿兵器与汉军交战。项羽自己就杀了汉军几百人，但项羽也身受十多处创伤。这时项羽回头看到了汉军司马吕马童，便说："你不是我的老相识吗？"吕马童转过身来，指给中郎骑王翳说："这就是项王！"项羽又说道："我听闻汉王悬赏千金买我的头颅，还分给万户的封地，我就把这个功劳留给你吧。"然后就自刎而死。王翳随即取下项羽的头颅，剩下的骑兵便相互践踏着争抢项羽的躯体，互相残杀而死的有几十个人。最后杨喜、吕马童和郎中吕胜、杨武各夺得项羽的一部分肢体。五个人把项羽的肢体拼凑在一起，还能拼合上，因此刘邦便分割原来悬赏的万户封地，把他们五人都分封为列侯。

楚地已经平定了，只有鲁县还坚守不降，汉王刘邦带领天下的兵马，想要屠灭它。大军到达城下，还能听到城中礼乐弦诵之声。原来鲁县是信守礼义的故国，是在为自己的君主尽忠守节，汉军就拿出项羽的头颅给鲁县的百姓看，鲁县这才投降。汉王用葬鲁公的礼仪把项羽埋葬在穀城，还亲自为项羽发丧举哀，哭了好一阵子后才离开。项羽的族人都没有被杀，项伯等四人都被封为列侯，并被赐刘姓，过去被掳掠到楚国的百姓都让他们返回原地。

兔死狗烹（卷十一◎汉纪三）

【原文】

汉高帝五年

帝置酒洛阳南宫，上曰："彻侯、诸将毋敢隐朕，皆言其情：吾所以有天下者何？项氏之所以失天下者何？"高起、王陵对曰："陛下使人攻城略地，因以与之，与天下同其利；项羽不然，有功者害之，贤者疑之，此其所以失天下也。"上曰："公知其一，未知其二。夫运筹帷幄之中，决胜千里之外，吾不如子房；填国家，抚百姓，给饷馈，不绝粮道，吾不如萧何；连百万之众，战必胜，攻必取，吾不如韩信。三者皆人杰，吾能用之，此吾所以取天下者也。项羽有一范增而不能用，此所以为我禽也。"群臣说服。

韩信至楚，召漂母，赐千金。召辱己少年令出跨下者，以为中尉，告诸将相曰："此壮士也。方辱我时，我宁不能

杀之邪？杀之无名，故忍而就此。”

【译文】

汉高帝五年（己亥，公元前202年）

高帝刘邦在洛阳南宫摆设酒宴，高帝说：“各位列侯、将军不要对朕隐瞒，都来说说这个道理。我能夺得天下的原因是什么？项羽失去天下的原因又是什么呢？”高起、王陵回答说：“陛下派人攻城略地，攻取了城邑、土地就分封给他，和大家一起分享利益；但项羽并不是这样，他对有功之人给予迫害，对贤能之人进行猜疑，这就是他失去天下的原因。”高祖说：“你们只知其一，不知其二。运筹帷幄之中，决胜千里之外，我比不上张良；安定国家，安抚百姓，供给粮饷，保持运粮道路畅通无阻，我比不上萧何；带领百万大军，战必胜，攻必克，我比不上韩信。这三位都是人中豪杰，我能任用他们，这就是我能夺得天下的原因。项羽虽然有一个范增，但不能任用他，这就是项羽被我打败的原因。”群臣十分高兴而心悦诚服。

韩信来到楚地，召来曾给自己饭吃的那位漂洗丝绵的老妇人，赏赐给她一千金。又召来曾经羞辱过自己、让自己从胯下爬过去的那个人，让他担任楚国的中尉，还告诉将相们说：“这是位壮士。当他羞辱我的时候，我难道不能杀了他吗？即使杀了他也没有什么意义，所以我就忍了下来，因而有了现在的成就。”

【原文】

彭越既受汉封，田横惧诛，与其徒属五百馀人入海，居岛中。帝以田横兄弟本定齐地，齐贤者多附焉；今在海中，不取，后恐为乱。乃使使赦横罪，召之。横谢曰：“臣烹陛下之使郦生，今闻其弟商为汉将；臣恐惧，不敢奉诏。请为庶人，守海岛中。”使还报，帝乃诏卫尉郦商曰：“齐王田横即至，人马从者敢动摇者，致族夷！”乃复使使持节具告以诏商状，曰：“田横来，大者王，小者乃侯耳；不来，且举兵加诛焉！”

横乃与其客二人乘传诣洛阳。未至三十里，至尸乡厩置，横谢使者曰：“人臣见天子，当洗沐。”因止留，谓其客曰：“横始与汉王俱南面称孤；今汉王为天子，而横乃为亡虏，北面事之，其耻固已甚矣。且吾烹人之兄，与其弟并肩而事主；纵彼畏天子之诏不敢动，我独不愧于心乎！且陛下所以欲见我者，不过欲一见吾面貌耳；今斩吾头，驰三十里间，形容尚未能败，犹可观也。”遂自刭，令客奉其头，从使者驰奏之。帝曰：“嗟乎！起自布衣，兄弟三人更王，岂不贤哉！”为之流涕，而拜其二客为都尉；发卒二千人，以王者礼葬之。既葬，二客穿其冢傍孔，皆自刭，下从之。帝闻之，大惊，以横客皆贤，馀五百人尚在海中，使使召

之。至，则闻田横死，亦皆自杀。

【译文】

彭越已经被汉王分封为梁王，田横怕自己被杀掉，就与他的部下五百多人逃入大海，居住在岛上。高祖刘邦认为田横兄弟几人本来曾平定了齐地，齐地贤能的人都归附了他，现在流亡在海岛中，如果不加以招抚，恐怕以后会再次作乱。高祖就派使者前去赦免田横的罪过，召他前来。田横推辞说："我曾烹杀了汉王的使臣郦食其，现在听闻他的弟弟郦商是高祖的将领，我非常害怕，所以不敢奉诏前来。现在我只请求做个普通百姓，留守在海岛之中。"使者回报刘邦，高祖便下诏书对郦商说："齐王田横就快来了，若是谁敢动他或是他的随从、人马的，即诛族！"然后又派使者拿着符节把高祖诏令郦商的情况对田横讲明，还说："如果田横前来，高可以封王，低也可以封侯；要是不来，就发兵将其诛灭！"

田横听后便和他的两个宾客来到洛阳。在离洛阳还有三十里地的时候，他们到达尸乡驿站。田横对使者说："为人臣子的觐见天子之时，应该先行沐浴。"随即住了下来，对他的宾客说："以前我与汉王一道面朝南称王。现在汉王做了天子，我却是作为败亡的臣虏，面北称臣侍奉他，这耻辱本来已经够大了。而且我还烹杀了人家的哥哥，又与他的弟弟并肩侍奉陛下。即便这位弟弟畏惧天子的诏令不敢杀我，难道我自己在心里就不感到惭愧吗！况且陛下想要见我的原因，只不过是想看看我的容貌罢了。现在斩下我的头颅，奔驰三十里地送去，神态容貌还不会变坏，陛下还可以看清我是个什么样子。”说完便自刎而死，遗令他的门客带着他的头颅，随同使者疾驰洛阳报告高祖。高祖听闻后说：“哎呀！从平民百姓起家，兄弟三人相继为王，难道这不是很贤能的吗！”高祖为田横的死流了很多泪，然后授给田横的两个宾客都尉的官职，调拨士兵两千人，按葬侯王的礼仪安葬了田横。下葬之后，那两位宾客在田横的坟墓旁挖了个坑，也都自刎而死，倒进坑里为田横陪葬。高祖得知此事，非常吃惊，认为田横的宾客都很贤能，余下的五百人还都在海岛上，便派使者去招抚他们。使者到达海岛，这五百人听说田横已经死了，也都自尽而死。

【原文】

初，楚人季布为项籍将，数窘辱帝。项籍灭，帝购求布千金，敢有舍匿，罪三族。布乃髡钳为奴，自卖于鲁朱家。朱家心知其季布也，买置田舍；身之洛阳见滕公，说曰：“季布何罪！臣各为其主用，职耳；项氏臣岂可尽诛邪？今上始得天下，而以私怨求一人，何示不广也！且以季布之贤，汉求之急，此不北走胡，南走越耳。夫忌壮士以资敌国，此伍子胥所以鞭荆平之墓也。君何不从容为上言之?”滕公待间，言于上，如朱家指。上乃赦布，召拜郎中，朱家遂不复见之。

布母弟丁公，亦为项羽将，逐窘帝彭城西。短兵接，帝急，顾谓丁公曰：“两贤岂相厄哉！”丁公引兵而还。及项王灭，丁公谒见。帝以丁公徇军中，曰：“丁公为项王臣不忠，使项王失天下者也。”遂斩之，曰：“使后为人臣无效丁公也!”

【译文】

当初，楚地人季布是项羽的将领，曾多次羞辱汉王。项羽被灭后，高祖刘邦悬赏千金捉拿季布，下令如果有敢收留窝藏季布之人灭其三族。于是季布剃去头发，用铁箍卡住脖子，把自己当奴隶卖给鲁地的朱家。朱家知道这人就是季布，就把他买下安置在田庄中，随即到洛阳去见滕公夏侯婴，对他说道：“季布犯有什么罪过啊！臣僚各为自己的君主效力，这是各尽其职罢了。难道项羽的臣下可以全都杀死吗？现在高祖刚刚夺得天下，便借私人的怨恨去抓捕一个人，怎能这样显露自己胸襟的狭窄呢！而且根据季布的贤能，朝廷悬赏追捕他如此急迫，这是逼他不向北投奔胡人，便往南投靠百越部族。忌恨壮士而以此资助敌国，这是伍子胥所以要掘墓鞭打楚平王尸体的原因。您为什么不对高祖讲

一讲这些道理呢?”于是滕公等到有机会的时候，按照朱家的意思向高祖进言。高祖便赦免了季布，还召见了他，让他担任郎中，从此朱家也就不再见季布。

季布的舅父丁公，也是项羽的将领，曾在彭城西面追击围困过高祖刘邦。两人短兵相接，高祖觉得事态危急，便回头对丁公说：“难道两个好汉要互相为难吗!”于是丁公带兵撤离。等到项羽灭亡，丁公来见高祖。高祖便把丁公拉到军营之中示众，说：“丁公身为项羽的臣子却对君王不忠，他就是让项王失去天下之人。”然后把他处死了，还说：“让后世为人臣子的人不要效仿丁公!”

【原文】

齐人娄敬戍陇西，过洛阳，脱辀辂，衣羊裘，因齐人虞将军求见上。虞将军欲与之鲜衣，娄敬曰：“臣衣帛，衣帛见；衣褐，衣褐见。终不敢易衣。”于是虞将军入言上。上召见，问之。娄敬曰：“陛下都洛阳，岂欲与周室比隆哉?”上曰：“然。”娄敬曰：“陛下取天下与周异。周之先，自后稷封邰，积德累善，十有馀世，至于太王、王季、文王、武王而诸侯自归之，遂灭殷为天子。及成王即位，周公相焉，乃营洛邑，以为此天下之中也，诸侯四方纳贡职，道里均矣。有德则易以王，无德则易以亡。故周之盛时，天下和洽，诸侯、四夷莫不宾服，效其贡职。及其衰也，天下莫朝，周不能制也；非唯其德薄也，形势弱也。今陛下起丰、沛，卷蜀、汉，定三秦，与项羽战荥阳、成皋之间，大战七十，小战四十；使天下之民，肝脑涂地，父子暴骨中野，不可胜数，哭泣之声未绝，伤夷者未起；而欲比隆于成、康之时，臣窃以为不侔也。且夫秦地被山带河，四塞以为固；卒然有急，百万之众可立具也。因秦之故，资甚美膏腴之地，此所谓天府者也。陛下入关而都之，山东虽乱，秦之故地可全而有也。夫与人斗，不扼其亢，拊其背，未能全其胜也。今陛下案秦之故地，此亦扼天下之亢而拊其背也。”帝问群臣，群臣皆山东人，争言：“周王数百年，秦二世即亡。洛阳东有成皋，西有殽、渑，倍河，乡伊、洛，其固亦足恃也。”上问张良。良曰：“洛阳虽有此固，其中小不过数百里，田地薄，四面受敌，此非用武之国也。关中左殽、函，右陇、蜀，沃野千里。南有巴、蜀之饶，北有胡苑之利。阻三面而守，独以一面东制诸侯。诸侯安定，河、渭漕挽天下，西给京师；诸侯有变，顺流而下，足以委输。此所谓金城千里，天府之国也。娄敬说是也。”上即日车驾西，都长安。拜娄敬为郎中，号曰奉春君，赐姓刘氏。

张良素多病，从上入关，即道引，不食谷，杜门不出，曰：“家世相韩，及韩灭，不爱万金之资，为韩报雠强秦，天下振动。今以三寸舌为帝者师，封万户侯，此布衣之极，于良足矣。愿弃人间事，欲从赤松子游耳。”

【译文】

原齐国人娄敬去戍守陇西，经过洛阳，解下绑在车前牵引的横木，身穿羊皮袄，通过齐人虞将军求见高祖刘邦。虞将军想要给他穿鲜亮华丽的衣服，娄敬说："我如果穿的是丝绸，就身着丝绸去谒见；如果穿的是粗毛麻布，就身着粗毛麻布去谒见。不敢冒昧地更换衣服。"于是虞将军便进去向高祖报告，高祖召见娄敬，问他有什么话要说。娄敬说："陛下定都洛阳，难道是想和周王朝比一比隆盛威势吗？"高祖回答说："是的。"娄敬说："陛下取得天下的途径和周朝不一样。周朝的祖先，从后稷被唐尧封在邰地起，积累德政善行十多代，以至于到太王、王季、文王、武王之时，诸侯自行归附，终于灭掉殷商做了天子。到了周成王即位，周公辅佐他，才营建洛邑，认为这里是天下的中心，各地诸侯前往交纳赋税和贡品，路程是一样的。如果君主有德行就可靠此统治天下，如果没有德行就由此而亡国。所以周王朝强盛之时，天下相处和睦，四方诸侯、外族没有不臣服的，都奉上他们的贡赋。等到周王朝衰弱之时，没有谁再前来朝贡，周王朝也就无法驾驭、制约他们了。这不仅是由于它的德行微薄，还有形势衰弱的原因。现在陛下从丰、沛起兵抗秦，席卷蜀郡、汉中郡，平定秦中塞、翟、雍三国，与项羽在荥阳、成皋之间作战，经过七十多次大战、四十多次小

战，致使天下百姓肝脑涂地惨遭杀戮，百姓的尸骨暴露在荒野之上，数都数不清。哭泣的悲声还没有断绝，伤残的人员还不能行走，就想与周成王、周康王时代比谁更隆盛威势，我认为这是非常不相称的。而且秦地依靠华山，濒临黄河，四面都有险要关隘为屏障，如果有紧急事件发生，百万军队可以马上就调动停当。依靠秦地原有的基础，凭借那里富饶肥沃的土地，这便是所谓天府的优势啊。陛下入函谷关在那里建都，崤山以东地区就算是乱了，秦国的旧地也仍然可以完整地据有。与别人争斗，不卡住他的咽喉，从后背进攻他，是不能大获全胜的。如果陛下现在能占据秦国的故地，这就是扼住了天下的咽喉又攻击它的后背了。”高祖询问众臣。众臣都是崤山以东地区的人，都争着说：“周朝统治了几百年，而秦朝经历两代就灭亡了。洛阳东有成皋，西有崤山、渑池，背靠黄河，面向伊、洛二河，它的稳固也是可以依赖的。”高祖又问张良。张良回答说：“虽然洛阳有这样稳固的地势，但其中心地区狭小，方圆只有几百里，田地贫瘠，四面受敌，所以这里不是用武之地。而关中地区东有崤山、函谷关，西有陇山、蜀地，沃野千里。南有巴、蜀的富饶资源，北有胡地草场畜牧的地利。仗着三面险要的地形防守，只用东方一面来控制诸侯。如果诸侯安定，便可通过黄河、渭河水路转运天下的粮食，西上供给京都；如果诸侯发生变故，也可顺流而下，足够用以转运物资。这就是所谓的

坚固的城墙千里之长，富庶的天府之国啊。娄敬的建议是非常正确的。”当天高祖就起驾动身向西进发，定都长安。让娄敬担任郎中之职，称为奉春君，赐姓刘。

张良向来身体多病，随从高祖进入函谷关，就静居行气，不吃粮食，闭门不出，说道：“我的家人世代做韩国的宰相，及至韩国灭亡，我用万金资财，为韩国向强大的秦王朝报仇，使天下震动。现在凭着三寸之舌成为皇帝的军师，被封为万户侯，这已经是一个平民所能享有的最高待遇了，对我来说这些已经足够啦。现在我只希望抛开人间俗事，追随仙人赤松子去云游四海。”

大汉天下

吕后弄权（卷十二◎汉纪四）

【原文】

汉惠帝元年

冬，十二月，帝晨出射。赵王年少，不能蚤起；太后使人持鸩饮之。犁明帝还，赵王已死。太后遂断戚夫人手足，去眼，煇耳，饮喑药，使居厕中，命曰“人彘”。居数日，乃召帝观人彘。帝见，问知其戚夫人，乃大哭，因病，岁馀不能起。使人请太后曰：“此非人所为。臣为太后子，终不能治天下。”帝以此日饮为淫乐，不听政。

【译文】

汉惠帝元年（丁未，公元前194年）

十二月的冬季，惠帝一早就出去打猎了。赵王因为年龄较小，不能早起一起去，吕太后派人拿着毒酒让赵王喝。惠帝回宫时，赵王已经死了。吕太后命人砍断戚夫人的手、脚，挖去眼珠，熏聋耳朵，给她喝哑药，让她待在厕所里，称她为“人彘”。几天后，吕太后便让惠帝来看“人彘”。惠帝看见后，一问得知这就是戚夫人，于是大声哭了起来，从此患了病，一年多不能起身。他派人对吕太后请求说：“这种事不是人做得出来的。我虽然是太后您的儿子，到底还是治理不了这个天下。”惠帝因此每天饮酒淫乐，不理朝政。

匈汉和亲（卷十二◎汉纪四）

【原文】

汉惠帝三年

以宗室女为公主，嫁匈奴冒顿单于。是时，冒顿方强，为书，使使遗高后，辞极亵嫚。高后大怒，召将相大臣，议斩其使者，发兵击之。樊哙曰："臣愿得十万众横行匈奴中！"中郎将季布曰："哙可斩也！前匈奴围高帝于平城，汉兵三十二万，哙为上将军，不能解围。今歌吟之声未绝，伤夷者甫起，而哙欲摇动天下，妄言以十万众横行，是面谩也。且夷狄譬如禽兽，得其善言不足喜，恶言不足怒也。"高后曰："善！"令大谒者张释报书，深自谦逊以谢之，并遗以车二乘，马二驷。冒顿复使使来谢，曰："未尝闻中国礼义，陛下幸而赦之。"因献马，遂和亲。

【译文】

汉惠帝三年（己酉，公元前192年）

惠帝以宗室女子作为公主，嫁给匈奴冒顿单于。当时，冒顿势力正强，写信派人送给吕太后，语气极为亵侮傲慢。吕太后十分愤怒，召集将相大臣，商议要杀掉匈奴来使，发兵攻打匈奴。樊哙说："我愿意率领十万大军去横扫匈奴！"中郎将季布却说："樊哙（论其言）可以被处死了！以前匈奴把高祖包围在平城里，汉兵有三十二万人，樊哙身为上将军，而不能解围。如今四方百姓哀苦之声还没有断绝，受伤兵士刚能起身，而樊哙却想搞乱天下，狂妄地称以十万军队横扫匈奴，这是当面说谎！况且匈奴就像禽兽一样，听了他们的好话不必高兴，听了他们的谩骂也不值得生气。"吕太后说："说得对！"便派大谒者张释送去回信，十分谦逊地致以歉意，并送给匈奴单于两辆车、八匹马。冒顿接到信后又派使臣前来道歉，说："我们没有听过从中国礼义教诲，感谢陛下的宽恕。"于是献上马匹，与汉朝和亲为好。

晁错进言（卷十五◎汉纪七）

【原文】

汉文帝十二年

晁错言于上曰："圣王在上而民不冻饥者，非能耕而食之，织而衣之也，为开其资财之道也。故尧有九年之水，汤有七年之旱，而国亡捐瘠者，以畜积多而备先具也。今海内为一，土地、人民之众不减汤、禹，加以无天灾数年之水旱，而畜积未及者，何也？地有遗利，民有馀力；生谷之土未尽垦，山泽之利未尽出，游食之民未尽归农也。

夫寒之于衣，不待轻暖；饥之于食，不待甘旨；饥寒至身，不顾廉耻。人情，一日不再食则饥，终岁不制衣则寒。夫腹饥不得食，肤寒不得衣，虽慈母不能保其子，君安能以有其民哉！明主知其然也，故务民于农桑，薄赋敛，广畜积，以实仓廪，备水旱，故民可得而有也。民者，在上所以牧之，民之趋利，如水走下；四方无择也。

夫珠、玉、金、银，饥不可食，寒不可衣；然而众贵之者，以上用之故也。其为物轻微易藏，在于把握，可以周海内而无饥寒之患。此令臣轻背其主，而民易去其乡，盗贼有所劝，亡逃者得轻资也。粟、米、布、帛，生于地，长于时，聚于力，非可一日成也；数石之重，中人弗胜，不为奸邪所利，一日弗得而饥寒至。是故明君贵五谷而贱金玉。”

【译文】

汉文帝十二年（癸酉，公元前168年）

晁错对文帝说：“英明的君主在位时，百姓不会受到饥寒的折磨，这并不是君主能够亲自耕作供给百姓食物，亲自织布为百姓做衣服，而是君主为百姓开辟了生财之道。所以尧遇到九年的大涝灾，商汤遇到七年的大旱灾，而全国却没有被抛弃的病饿者，其原因就在蓄积多而预先做了充分的准备。现在海内已全部统一，土地之广、人口之众，不亚于商汤和夏禹时代，再加上没有持续多年的旱涝天灾，但蓄积却没有那时多，原因到底在哪里呢？是因为土地还有余下的没有利用，百姓还有余下的力量没有发挥，可以生长谷物的土地还没有全部开垦，山林川泽的财富还没有全部开发，不从事生产而消耗粮食的游手好闲之徒还没有全部回归农业生产。

“严寒的时候人们急需衣服，不要求既轻又暖，能御寒就可以；饥饿时急需食物，不要求香甜可口，能充饥就可以；饥寒交迫时，人们就顾不得讲究廉耻。人之常情，一天不吃两餐就会挨饿，一年不做衣服就会挨冻。如果腹中饥饿却得不到食物，肌肤寒冷却得不到衣服，即便是慈母也不能保住她的儿子，君主怎么能够控制住他的百姓呢！英明的君主知道这个道理，所以引导百姓从事农桑耕织，少收赋税，多搞蓄积，使府库充实，防备旱涝灾害，所以才能稳固对百姓的统治。百姓的善恶，就看君主如何去诱导、统治他们。百姓追求财利，就如同水只会向低处流而不选择方向一样。

“珠、玉、金、银等物品，饿的时候不能吃，冷的时候不能穿，但是大家都把它们视为珍宝，原因就是君主在使用它们。这些东西既轻巧又便于收藏，只要拿在手里握在掌中的那么一点，就可以周游天下而不受饥寒之苦。当然它们也可以使臣子轻易地背叛他的君主，使百姓轻易地离开其故乡，刺激了盗贼的贪欲，使逃亡者可轻易地带走这些资财。粟、米、布、帛等物，产于土地，是按着季节而成长的，要投入很多人力，不是一天就可以生产出来的；重达数石的粟、米、布、帛，价值有限，一个体力中等的人已无法搬运，它不会成为盗贼劫夺的目标，但如果人们一天得不到它们，就要忍受饥寒。所以英明的君主应该看重五谷而轻视金玉。”

【原文】

“今农夫五口之家，其服役者不下二人，其能耕者不过百亩，百亩之收不过百石。春耕，夏耘，秋获，冬藏，伐薪樵，治官府，给繇役；春不得避风尘，夏不得避暑热，秋不得避阴雨，冬不得避寒冻，四时之间无日休息；又私自送往迎来、吊死问疾、养孤长幼在其中。勤苦如此，尚复被水旱之灾，急政暴赋，赋敛不时，朝令而暮改。有者半贾而卖，无者取倍称之息，于是有卖田宅、鬻妻子以偿责者矣。而商贾，大者积贮倍息，小者坐列贩卖，操其奇赢，日游都市，乘上之急，所卖必倍。故其男不耕耘，女不蚕织，衣必文采，食必粱肉；无农夫之苦，有阡陌之得。因其富厚，交通王侯，力过吏势，以利相倾；千里游敖，冠盖相望，乘坚、策肥，履丝、曳缟。此商人所以兼并农人，农人所以流亡者也。

“方今之务，莫若使民务农而已矣。欲民务农，在于贵粟。贵粟之道，在于使民以粟为赏罚。今募天下入粟县官，得以拜爵，得以除罪。如此，富人有爵，农民有钱，粟有所渫。夫能入粟以受爵，皆有馀者也。取于有馀以供上用，则贫民之赋可损，所谓‘损有馀，补不足’，令出而民利者也。今令民有车骑马一匹者，复卒三人。车骑者，天下武备也，故为复卒。神农之教曰：‘有石城十仞，汤池百步，带甲百万，而无粟，弗能守也。’以是观之，粟者，王者大用，政之本务。今民入粟受爵至五大夫以上，乃复一人耳，此其与骑马之功相去远矣。爵者，上之所擅，出于口而无穷；粟者，民之所种，生于地而不乏。夫得高爵与免罪，人之所甚欲也；使天下人入粟于边以受爵、免罪，不过三岁，塞下之粟必多矣。”

【译文】

“现在家中有五口人的农民家庭，为官府服徭役的不少于两个人，能耕种的土地不过一百亩，百亩土地的收获量不超过一百石。农民春季耕种，夏季锄草，秋季收获，冬季贮藏，砍柴，修缮官府房屋，服徭役。春天不能避风尘，夏天不能避暑热，秋天不能避阴雨，冬天不能避严寒，一年四季都没有一个休息的日子，还有民间的人情往来、吊唁死者、慰问病人、赡养父母、哺育子女等负担，也得从一百石的收获物中支付。农民如此勤劳困苦，还要再蒙受旱涝灾害，官府政令严苛而赋税繁重，不按规定时间征收赋税，早上发布的政令到晚上又会有变化。农民家中有资财的，以半价折卖；家中贫穷的，只好去借利息双倍的高利贷，于是就出现了卖土地房宅、卖子卖孙以偿还债务的了。而那些行商坐贾，实力大的积贮钱财，发放双倍利息的高利贷，实力小的坐在市肆中做买卖，依靠手中那些囤积的物品，每天游荡在都市之中，当知道皇帝急迫需要某种物品时，就把价格提高到两倍以上。所以商人男的不用去耕田耘草，女的不用去养蚕纺织，但穿的衣服必是华丽的绸缎，吃饭必是好米好肉。商人不用受农民那样的辛苦，却可以得到很多钱财。商人依仗手中大量的钱财，与王侯显贵结交，势力超过了一般官员，故以财利进行相互倾轧。到千里之外遨游，车子在路上前后相望，络绎不绝。他们乘坐着坚实的车子，鞭策着肥壮的马匹，踏着丝制的鞋子，穿着精美的白色绸缎衣服。这就是商人兼并农民，而使农民破产流亡的原因。

“当务之急，没有比鼓励百姓从事农耕更重要的了。要想使百姓务农，关键在于使全社会把粮食看作珍宝。使全社会把粮食看作珍宝的方法，关键在于朝廷把粮食作为奖惩手段来统治百姓。可以招募天下百姓向官府缴纳粮食，用以购买爵位免除罪名。这样，富人可以拥有爵位，农民可以得到钱，粮食就不会被囤积。那些能够缴纳粮食换取爵位的人，都是有余粮的。收取余粮供给国家使用，就可以减少对贫困百姓收取的赋税，这就是所说的‘损有余而补不足’，只要政令一公布就可以给百姓带来利益。现行的律令规定：有一匹战马的人家，可免除三人的兵役。战马是天下最重要的军事装备，所以给予免除兵役的优待。神农的教令说：‘有高达十仞的石砌城墙，有宽达百步的护城河，有一百万全副武装的士兵，但如果没有粮食，那也是无法守住城池的。’由

此看来，粮食是君主的重要资本，是国家政治的根本所在。现在百姓缴纳粮食要得到五大夫以上的爵位，才能免除一人的兵役，这与对有战马的人优待相比较，差得太远了。封爵的权力，是君主所专有的，由口而出可以无穷无尽；粮食是百姓所种的，生长于土地而不会缺乏。得到高等爵位和免除罪名，是天下百姓最迫切的愿望。使天下的人输送粮食到边境地区，以换取爵位、免除罪名，不用三年时间，边塞的粮食储备就一定会很多了。”

【原文】

帝从之，令民入粟于边，拜爵各以多少级数为差。

错复奏言：“陛下幸使天下入粟塞下以拜爵，甚大惠也。窃恐塞卒之食不足用，大渫天下粟。边食足以支五岁，可令入粟郡县矣；郡县足支一岁以上，可时赦，勿收农民租。如此，德泽加于万民，民愈勤农，大富乐矣。”

上复从其言，诏曰：“道民之路，在于务本。朕亲率天下农，十年于今，而野不加辟，岁一不登，民有饥色；是从事焉尚寡而吏未加务。吾诏书数下，岁劝民种树而功未兴，是吏奉吾诏不勤而劝民不明也。且吾农民甚苦而吏莫之省，将何以劝焉！其赐农民今年租税之半。”

【译文】

文帝采纳晁错的意见，下令规定：百姓输送粮食到边塞，依据输送粮食的多少，分别授给高低不同的爵位。

晁错又上奏说："陛下施以恩惠，使天下人输送粮食去边塞，以授给爵位，这是对百姓的恩德。我私下里非常担忧边塞驻军的粮食不够吃，所以才让天下的屯粮大批流入边塞。当边塞积粮足够使用五年时，就可以让百姓向内地各郡县输送粮食了；而当郡县积粮足够使用一年以上时，就可以随时下诏书，不收农民的租税。依此下去，陛下的恩德雨露普降于天下万民，百姓就会更积极地投身农业生产，天下就会非常富饶安乐了。"

文帝又采纳了晁错的建议，下诏说："要引领百姓走向正确道路，就在于让他们从事农业生产。朕亲自率领天下人务农耕种，至今已有十年了，但还有很多荒地没有开垦，一年收成不是很好，百姓就会因此有了饥饿之色；这是因为从事农耕的人还不多，而官吏同时也没有切实发展农业。朕多次颁布诏书，每年都要鼓励百姓种植，至今未见成效，这也因此证明官吏没有认真地执行诏令去鼓励百姓。况且，朕的农民生活很苦而官吏却不去照顾他们，又将凭什么勉励他们从事农业呢！今年免除农民一半的田赋。"

文帝之治（卷十五◎汉纪七）

【原文】

汉文帝后七年

夏，六月，己亥，帝崩于未央宫。

乙巳，葬霸陵。

帝即位二十三年，宫室、苑囿、车骑、服御，无所增益，有不便，辄驰以利民。

尝欲作露台，召匠计之，直百金。上曰："百金，中人十家之产也。吾奉先帝宫室，尝恐羞之，何以台为！"身衣弋绨，所幸慎夫人，衣不曳地，帷帐无文绣，以示敦朴，为天下先。

治霸陵，皆瓦器，不得以金、银、铜、锡为饰，因其山，不起坟。吴王诈病不朝，赐以几杖。群臣袁盎等谏说虽切，常假借纳用焉。张武等受赂金钱，觉，更加赏赐以愧其心，专务以德化民。是以海内安宁，家给人足，后世鲜能及之。

丁未，太子即皇帝位，尊皇太后薄氏曰太皇太后，皇后曰皇太后。

【译文】

汉文帝后七年（甲申，公元前157年）

夏季，六月，己亥（初一），文帝在未央宫去世。

乙巳（初七），文帝被安葬在霸陵。

文帝即位二十三年以来，宫室、园林、车骑仪仗、服饰器具等，都没有增加，只要对百姓不利的禁令条例，就会把它废止以利于民众。

文帝曾想修建一个露台，招来工匠计算，需花费一百两黄金。文帝说："一百两黄金，相当于中等民户十家财产的总和。我居住着先帝的宫室，经常害怕使它蒙羞，还修建露台做什么呢！"文帝自己穿的是黑色的粗丝衣服，他宠爱的慎夫人所穿的衣服也从不拖到地面上，所用的帷帐都不刺绣花纹，以显示朴素，为天下人做出表率。

修建霸陵，都使用陶制器物，不准用金、银、铜、锡装饰，利用山陵形势，不另外兴建高大的坟堆。吴王刘濞假装有病，不来朝见，文帝反而赐给他几案和手杖。群臣之中，袁盎等人的进谏言辞激烈而尖锐，文帝常常予以宽容之德，并接受他们的批评意见。张武等人收受金钱贿赂，事情被觉察后，文帝反而又赏赐他们钱财，使他们心中愧疚。他全力以德政去教化百姓。所以，国家安宁，百姓富裕，后世很少有人能做到这一点。

丁未（初九），太子刘启即位称帝，尊奉皇太后薄氏为太皇太后，尊奉皇后为皇太后。

七国之乱（卷十六◎汉纪八）

【原文】

汉景帝前三年

初，孝文时，吴太子入见，得侍皇太子饮、博。吴太子博争道，不恭；皇太子引博局提吴太子，杀之。遣其丧归葬，至吴，吴王愠曰："天下同宗，死长安即葬长安，何必来葬为!"复遣丧之长安葬。吴王由此稍失藩臣之礼，称疾不朝。京师知其以子故，系治、验问吴使者；吴王恐，始有反谋。后使人为秋请，文帝复问之，使者对曰："王实不病；汉系治使者数辈，吴王恐，以故遂称病。夫'察见渊中鱼，不祥'，唯上弃前过，与之更始。"于是文帝乃赦吴使者，归之，而赐吴王几杖，老，不朝。吴得释其罪，谋亦益解。然其居国，以铜、盐故，百姓无赋；卒践更，辄予平贾；岁时存问茂材，赏赐闾里；他郡国吏欲来捕亡人者，公共禁弗予。如此者四十馀年。

【译文】

汉景帝前三年（丁亥，公元前154年）

当孝文帝在位时，吴国太子进京朝见文帝，得以陪伴皇太子饮酒、博弈。吴太子在博弈过程中与太子争棋路，态度有些不恭，皇太子就拿起棋盘猛击吴太子，把他打死了。朝廷送他的灵柩回去安葬，灵柩到达吴国时，吴王刘濞十分恼怒地说："天下都是刘氏一家的天下，死在长安就葬在长安，又为何送回来安葬呢！"又把太子的灵柩送回长安安葬。吴王从此渐渐失去藩臣的礼节，声称身体有病，不来朝见皇帝。京城明白吴王是因为儿子的缘故，于是拘留和审问吴国的使者，吴王害怕了，便开始产生了谋反的念头。后来，吴王派人代替他去长安行秋季朝见之礼，文帝再次追问吴王为何不来朝见，使臣回答说："吴王其实并没有生病。朝廷拘留了几批吴国使者，又治他们的罪，吴王心中恐惧，所以才声称自己有病。俗话说'察见深潭中的鱼，不吉利'，但愿皇上不要再追究他以前的过失，让他改过自新从头开始。"就这样，文帝就释放了吴国使者，让他们回去，并且赏赐给吴王几案和手杖，表示他既年事已高，不必前来朝见。吴王见朝廷不再追究他的罪名，谋反之心也就渐渐消除了。因为吴国内有冶铜、熬盐的财源，便不向百姓征收赋税。百姓应

该戍边更卒服役时，总是由吴王发给代役金，另外再雇人应役。每当到年节时候，总要慰问有贤才的士人，赏赐平民百姓。其他郡国的官吏要来吴国捕捉犯罪逃亡的人，吴国就会公然阻止，而不把罪犯交出去。就这样前后持续了四十多年。

【原文】

晁错数上书言吴过，可削；文帝宽，不忍罚，以此吴日益横。及帝即位，错说上曰："昔高帝初定天下，昆弟少，诸子弱，大封同姓，齐七十馀城，楚四十馀城，吴五十馀城，封三庶孽，分天下半。今吴王前有太子之郤，诈称病不朝，于古法当诛。文帝弗忍，因赐几杖，德至厚，当改过自新，反益骄溢，即山铸钱，煮海水为盐，诱天下亡人谋作乱。今削之亦反，不削亦反。削之，其反亟，祸小；不削，反迟，祸大。"上令公卿、列侯、宗室杂议，莫敢难；独窦婴争之，由此与错有郤。及楚王戊来朝，错因言："戊往年为薄太后服，私奸服舍，请诛之。"诏赦，削东海郡。及前年，赵王有罪，削其常山郡；胶西王卬以卖爵事有奸，削其六县。

【译文】

晁错多次上书奏说吴王的罪过，建议削减其封地。汉文帝宽厚，不忍心惩罚，所以吴王越来越骄横。等到汉景帝即位，晁错劝说景帝说："当初，高帝刚刚平定天下，兄弟少，儿子们都年少，大封同姓宗族，封给齐七十多座城，给楚四十多座城，给吴国五十多座城，封给这三个庶母所生的诸侯王的领地，就占了全国的一半。现在吴王以前因有吴太子之死的嫌隙，假称有病不来朝见，按照古代法律应当处死。因文帝不忍心，反而赐给他几案和手杖，对他的恩德已经够深厚的，他本来应该改过自新，但他反而更加骄横不法，利用矿山采铜铸钱，熬海水制盐，广招天下流亡人士，图谋叛乱。而如今，削减他的封地，他会叛乱；不削减他的封地，他也会叛乱。削减他的封地，他反得快，祸害或许因此会小一些；如果不削减他的封地，他反得慢，将来就会有备而发，祸害反而更大。"景帝下令公卿、列侯、宗室一起讨论晁错的建议，几乎没有人敢反对晁错的意见，只有窦婴一人坚决反对，从此与晁错之间产生了矛盾。等到楚王刘戊来京朝见时，晁错就借机说："刘戊去年为薄太后服丧期间，在服丧的居室里私下奸淫，请求陛下处死他。"景帝下诏，免去刘戊的死罪，但把原楚国封地东海郡收归朝廷。一年前，赵王有罪，朝廷削夺了他的常山郡；胶西王刘卬因卖爵一事的不法行为，朝廷削夺了他封地中的六县之地。

【原文】

廷臣方议削吴。吴王恐削地无已，因发谋举事。念诸侯无足与计者，闻胶西王勇，好兵，诸侯皆畏惮之，于是使中大夫应高口说胶西王曰："今者，主上任用邪臣，听信谗贼，侵削诸侯，诛罚良重，日以益甚。语有之曰：'狧糠及米。'吴与胶西，知名诸侯也，一时见察，不得安肆矣。吴王身有内疾，不能朝请二十馀年，常患见疑，无以自白，胁肩累足，犹惧不见释。窃闻大王以爵事有过。所闻诸侯削地，罪不至此；此恐不止削地而已。"王曰："有之。子将奈何？"高曰："吴王自以与大王同忧，愿因时循理，弃躯以除患于天下，意亦可乎？"胶西王瞿然骇曰："寡人何敢如是！王上虽急，固有死耳，安得不事！"高曰："御史大夫晁错，营惑天子，侵夺诸侯，诸侯皆有背叛之意，人事极矣。彗星出，蝗虫起，此万世一时；而愁劳，圣人所以起也。吴王内以晁错为诛，外从大王后车，方洋天下，所向者降，所指者下，莫敢不服。大王诚幸而许之一言，则吴王率楚王略函谷关，守荥阳、敖仓之粟，距汉兵，治次舍，须大王。大王幸而临之，则天下可并，两主分割，不亦可乎！"王曰："善！"归，报吴王，吴王犹恐其不果，乃身自为使者，至胶西面约之。胶西群臣或闻王谋，谏曰："诸侯地不能当汉十二，为叛逆以忧太后，非计也。今承一帝，尚云不易；假令事成，两主分争，患乃益生。”王不听，遂发使约齐、菑川、胶东、济南，皆许诺。

【译文】

朝廷大臣们都在议论如何削夺吴王的封地。吴王刘濞惧怕削地没有止境，因此打算举兵叛乱。吴王想到其他诸侯王没有足以共商大事的，听说胶西王刘卬勇武，喜欢打仗，诸侯都恐惧他，所以派中大夫应高去游说胶西王刘卬，说：“现在，主上重用奸邪之臣，听信谗言恶语，侵夺削弱诸侯国，对诸侯王的惩罚非常严厉，而且一天比一天厉害。俗语说：‘开头吃糠，后来就会发展到吃米。’吴国和胶西国，都是著名的诸侯王国，都一样受到朝廷注意，以后恐怕不会再有安宁了。吴王身体又患有暗疾，已有二十多年不能朝见皇上，时常担心会受到朝廷的怀疑，无法自己表白，缩紧肩膀、脚压着脚地自我约束着，但仍然害怕得不到朝廷的宽容。我私下听说大王因出卖爵位的过失而受朝廷处置。我所听到的其他诸侯被削夺封地的事情，如果按所犯罪名来处理，都不应该受到如此严重的惩罚。恐怕朝廷的用意，不仅仅是要削夺诸侯王的封地吧！”胶西王刘卬说：“我确实有被削夺封地的事。你认为我们该如何呢？”应高说：“吴王自认为与大王面临着相同的忧患，希望顺应时势，遵循情理，牺牲生命去为天下消除祸患，我想您也同意吧？”胶西王大吃一惊，说："我怎么敢做这样的事！天子对待诸侯虽然很严厉苛刻，我只有一死了事，怎么能起意反叛呢！"应高说："御史大夫晁错在天子身边蒙骗蛊惑，使皇上侵夺诸侯封地，朝廷上下怨声载道，诸侯王都有背叛之心，从人事来看，形势已发展到极点了。彗星出现，蝗灾发生，这是千载难逢的好时机，而且愁恼困苦的局势，正是圣人挺身而出之时。吴王准备要对朝廷提出除掉晁错的要求，在战场上则跟随在大王之后，纵横天下，所向无敌，锋芒所指之处，没有人不敢不服。大王假如真能许诺一句话，吴王就率领楚王直捣函谷关，据守荥阳、敖仓的粮库，抵御汉军，整治驻扎之地，恭候大王的到来。如果有幸得到大王光临，就可以吞并天下，吴王和大王平分江山，不也是很好的吗！"胶西王说："好！"应高返归吴国，向吴王汇报，吴王还怕胶西王不践行诺言，就亲自到胶西国与刘卬当面约定。胶西国群臣中，有人得知胶西王的图谋，谏阻说："诸侯王的封地还不到汉朝廷的十分之二，发动叛乱从而使太后担忧，这并不是高明的计策。侍奉一个天子，都说不容易，如果吴王与胶西王的计划能够成功，两位君主并立相争，其祸患不就更多了。"胶西王不听，于是派使者与齐王、菑川王、胶东王、济南王约定共同举事，这些诸侯王都答应了。

【原文】

初，楚元王好书，与鲁申公、穆生、白生俱受《诗》于浮丘伯；及王楚，以三人为中大夫。穆生不耆酒；元王每置酒，常为穆生设醴。及子夷王、孙王戊即位，常设，后乃忘设焉。穆生退，曰："可以逝矣！醴酒不设，王之意怠；不去，楚人将钳我于市。"遂称疾卧。申公、白生强起之，曰："独不念先王之德与？今王一旦失小礼，何足至此！"穆生曰："《易》称：'知几其神乎！几者，动之微，吉凶之先见者也。君子见几而作，不俟终日。'先王之所以礼吾三人者，为道存也；今而忽之，是忘道也。忘道之人，胡可与久处，岂为区区之礼哉！"遂谢病去。申公、白生独留。王戊稍淫暴，太傅韦孟作诗讽谏，不听，亦去，居于邹。戊因坐削地事，遂与吴通谋。申公、白生谏戊，戊胥靡之，衣之赭衣，使雅舂于市。休侯富使人谏王。王曰："季父不吾与，我起，先取季父矣！"休侯惧，乃与母太夫人奔京师。

【译文】

当初，楚元王刘交喜好读书，和鲁地人申公、穆生、白生都拜浮丘伯为师，学习《诗经》。等到他当了楚王后，就任命他们三人为中大夫。穆生不喜欢喝烈酒，楚元王每次设宴饮酒时，都会特意为穆生准备甜酒。等到楚元王的儿子夷王以及孙子刘戊为王时，也总在举行宴会时为穆生特备甜酒，但后来就忘记做了。穆生退席而出，说："应该离去了！不特设甜酒，说明楚王对我已经怠慢了。如果再不离去，楚王将会给我戴上刑具在街市上示众。"于是，穆生总是声称有病，卧床不起。申公、白生极力劝他继续为楚王效力，说："你就不念先王对我们的恩德吗？现在楚王一时稍有礼貌不周，怎么就至于这样呢！"穆生说："《易经》上说：'知道事机的神妙吗？事机，是运动的微妙变化，是显示吉凶的先兆。君子看到事机就会采取行动，并不是整天等待。'先王礼待我们三人的原因，是他心中有道义在。现在楚王怠慢我们，是忘记了道义。对于忘记了道义的人，怎么能和他长期共处，难道我会只因为那区区的礼节吗？"因此，穆生声称有病，离开了楚国。申公和白生却继续留任楚国。楚王刘戊逐渐荒淫残暴，太傅韦孟作了一首诗对楚王委婉批评，楚王并不理会，韦孟也离开楚国，去邹地居住。刘戊因犯罪被朝廷削夺封地，就与吴王刘濞通谋，准备叛乱。申公、白生去劝谏刘戊，刘戊将他们二人罚作罪徒，让他们被绳拴着，穿着罪徒的红褐色囚衣，在街市上舂米。休侯刘富派人来劝阻楚王，楚王说："叔父如不与我合作，我一旦起事，就首先攻打叔父了！"休侯刘富害怕了，就与他的母亲太夫人逃奔长安。

【原文】

及削吴会稽、豫章郡书至，吴王遂先起兵，诛汉吏二千石以下；胶西、胶东、菑川、济南、楚、赵亦皆反。楚相张尚、太傅赵夷吾谏王戊，戊杀尚、夷吾。赵相建德、内史王悍谏王遂，遂烧杀建德、悍。齐王后悔，背约城守。济北王城坏未完，其郎中令劫守，王不得发兵。胶西王、胶东王为渠率，与菑川、济南共攻齐，围临菑。赵王遂发兵往其西界，欲待吴、楚俱进，北使匈奴与连兵。

吴王悉其士卒，下令国中曰："寡人年六十二，身自将；少子年十四，亦为士卒先。诸年上与寡人同，下与少子等，皆发。"凡二十馀万人。南使闽、东越，闽、东越亦发兵从。吴王起兵于广陵，西涉淮，因并楚兵，发使遗诸侯书，罪状晁错，欲合兵诛之。吴、楚共攻梁，破棘壁，杀数万人；乘胜而前，锐甚。梁孝王遣将军击之，又败梁两军，士卒皆还走。梁王城守睢阳。

【译文】

等到朝廷削夺吴国会稽郡、豫章郡的文书到达时，吴王刘濞就首先起兵，杀死了朝廷任命的二千石以下的官员。胶西王、胶东王、菑川王、济南王、楚王、赵王也都相继举兵叛乱。楚相张尚、太傅赵夷吾谏阻楚王刘戊，刘戊却将他们杀死了。赵相建德、内史王悍劝谏赵王刘遂，刘遂将他们两人烧死。齐王后悔通谋叛乱，违背与吴楚的盟约，坚守城池进行抵抗。济北王的城墙坏了没有修好，他的郎中令劫持了他，使他无法举兵参加叛乱。胶西王和胶东王为统帅，联合菑川王、济南王一起攻打齐国，围攻齐国的都城临淄。赵王刘遂把他的军队调往赵国西部边境，准备与吴、楚等国军队联合进攻，又向北方的匈奴派出使者，准备联络匈奴一起举兵。

吴王征发了所有士卒，下令全国说："我今年六十二岁了，亲自担任统帅，我的小儿子十四岁，也身先士卒。所有年龄往上与我一样，往下与我小儿子一样的人，都征发从军。"吴国总共征发了二十多万人。吴王向南方派出使者去联络闽、东越，闽和东越也发兵响应。吴王在广陵起兵，向西渡过淮河，随即与楚国的军队会合，派使者致书各诸侯王，指控晁错罪状，要求联合进兵诛杀晁错。吴、楚两国军队一起攻打梁国，攻破了棘壁，杀死数万人，吴、楚联军乘胜前进，兵锋锐利难挡。梁孝王派将军迎击；而吴楚联军把梁国两支军队打败了，梁军士兵都在向后方逃跑。梁王固守都城睢阳。

【原文】

初，文帝且崩，戒太子曰："即有缓急，周亚夫真可任将兵。”及七国反书闻，上乃拜中尉周亚夫为太尉，将三十六将军往击吴、楚。遣曲周侯郦寄击赵，将军栾布击齐。复召窦婴，拜为大将军，使屯荥阳监齐、赵兵。

初，晁错所更令三十章，诸侯欢哗。错父闻之，从颍川来，谓错曰：“上初即位，公为政用事，侵削诸侯，疏人骨肉，口语多怨，公何为也?”错曰：“固也。不如此，天子不尊，宗庙不安。”父曰：“刘氏安矣而晁氏危，吾去公归矣!”遂饮药死，曰：“吾不忍见祸逮身!”后十馀日，吴、楚七国俱反，以诛错为名。

【译文】

当初，汉文帝临终前，告诉太子说：“如果国家出现危乱，周亚夫足以胜任军队统帅的重担。”等到七国叛乱的文书送到朝廷时，景帝就任命中尉周亚夫为太尉，统帅三十六位将军及其部队，前去迎击吴、楚叛军。派遣曲周侯郦寄去攻打赵国，派将军栾布攻打齐境叛军。景帝又召回窦婴，任命他为大将军，去率军驻守荥阳，监督用兵于齐国和赵国境内的汉军。

当初晁错所修改的法令有三十章，诸侯王们纷纷议论表示反对。晁错的父亲听到这个消息后，从颍川赶来京师，对晁错说：“皇上刚刚即位，你为其处理政事，侵夺削弱诸侯，疏离人家的骨肉，会有许多舆论怨恨你的，你为什么这样做

呢？”晁错说：“本来就应该是这样的。如果不这样做，天子就不受尊重，宗庙就不会安宁。”他的父亲说：“这样的，刘氏的天下安宁了，但晁氏却要面临危险了，我要离开你了！”他父亲就服毒自杀了，临死前还说：“我不忍心看见大祸降临到我的身上！”此后过了十多天，吴、楚等七国就以诛除晁错为名一起举兵叛乱。

【原文】

上与错议出军事，错欲令上自将兵而身居守；又言：“徐、僮之旁吴所未下者，可以予吴。”错素与吴相袁盎不善，错所居坐，盎辄避；盎所居坐，错亦避；两人未尝同堂语。及错为御史大夫，使吏按盎受吴王财物，抵罪；诏赦以为庶人。吴、楚反，错谓丞、史曰：“袁盎多受吴王金钱，专为蔽匿，言不反；今果反，欲请治盎，宜知其计谋。”丞、

史曰：“事未发，治之有绝；今兵西向，治之何益！且盎不宜有谋。”错犹与未决。人有告盎，盎恐，夜见窦婴，为言吴所以反，愿至前，口对状。婴入言，上乃召盎。盎入见，上方与错调兵食。上问盎：“今吴、楚反，于公意何如？”对曰：“不足忧也！”上曰：“吴王即山铸钱，煮海为盐，诱天下豪杰；白头举事，此其计不百全，岂发乎！何以言其无能为也？”对曰：“吴铜盐之利则有之，安得豪杰而诱之！诚令吴得豪杰，亦且辅而为谊，不反矣。吴所诱皆亡赖子

弟、亡命、铸钱奸人，故相诱以乱。”错曰：“盎策之善。”上曰：“计安出？”盎对曰：“愿屏左右。”上屏人，独错在。盎曰：“臣所言，人臣不得知。”乃屏错。错趋避东厢，甚恨。上卒问盎，对曰：“吴、楚相遗书，言高皇帝王子弟各有分地，今贼臣晁错擅適诸侯，削夺之地，以故反，欲西共诛错，复故地而罢。方今计独有斩错，发使赦吴、楚七国，复其故地，则兵可毋血刃而俱罢。”于是上默然良久，曰：“顾诚何如？吾不爱一人以谢天下。”盎曰：“愚计出此，唯上孰计之！”乃拜盎为太常，密装治行。后十馀日，上令丞相青、中尉嘉、廷尉欧劾奏错：“不称主上德信，欲疏群臣、百姓，又欲以城邑予吴，无臣子礼，大逆无道。错当要斩，父母、妻子、同产无少长皆弃市。”制曰：“可。”错殊不知。壬子，上使中尉召错，绐载行市，错衣朝衣斩东市。

【译文】

景帝与晁错讨论出兵平叛的事情，晁错想让景帝统兵亲征而他自己留守长安。晁错又说：“徐县、僮县附近一带，吴国没有攻占的地方，可以把它送给吴国，争取他们能够退兵。”晁错向来与吴相袁盎不友好，只要有晁错在某处就座，袁盎总是会避开；只要有袁盎在某处就座，晁错也总是避开，两人从没有在同一个室内说过话。当晁错升任御史大夫时，他派官员审查袁盎接受吴王财物贿赂之事，确定袁盎有罪，处以相应的刑罚。景帝下诏赦免袁盎，把他降为平民。吴、楚叛乱后，晁错对御史丞、侍御史说："袁盎接受了吴王的许多金钱，专为吴王所掩饰，说他不会叛乱，而现在吴王叛乱了，我想奏请皇上严惩袁盎，他一定知道吴王的密谋。"御史丞、侍御史说："如果在吴国叛乱前能够治袁盎的罪，有可能会断绝其叛乱密谋，现在叛军大举向西进攻，治袁盎的罪能有什么作用呢？况且袁盎不一定参与密谋。"晁错犹豫不决。有人把晁错的打算告知袁盎，袁盎很害怕，连夜去见窦婴，对他说明吴王叛乱的原因，希望能面见景帝，亲口说明原委。窦婴入宫奏报景帝，景帝就召见了袁盎。袁盎入宫觐见，景帝正与晁错在调度军粮。景帝问袁盎："现在吴、楚叛乱，你觉得现在的形势怎么样呢？"袁盎回答说："不值得担忧！"景帝说："吴王利用矿山就地铸钱，熬海水为盐，招诱天下豪杰，到年老发白时还举兵叛乱，假若他没有万全的把握，难道会起事吗？为什么说他不能有所作为呢？"袁盎回答说："吴王确实有采铜铸币、熬海水为盐的财利，但哪里有什么豪杰被他招诱去了呢！如果吴王真的招到了豪杰，那么豪杰也会辅佐他按仁义行事，就不会叛乱了。吴王所招诱的，都是些无赖子弟、没有户籍的流民、私铸钱币的坏蛋，所以才能相互勾结而叛乱。"晁错说："袁盎分析得非常好。"景帝问："应该使用什么妙计呢？"袁盎说："请陛下让左右回避一下。"景帝让人退出去，唯独晁错还在场。袁盎说："我要说的话，任何臣子都不能听到。"景帝就让晁错回避一下。晁错趋步退避到东边的厢房中，对袁盎极为恼恨。景帝最后问袁盎到底有什么话要说，袁盎回答说："吴王和楚王相互传达通信，说的是高皇帝分封子弟为王，各自都有封地，现在贼臣晁错竟擅自贬谪诸侯，削夺他们的封地，因此他们才会造反，准备向西进军，共同诛杀晁错，恢复原有的封地才会罢休。为今之计，只有杀掉晁错，派出使臣宣布赦免吴、楚等七国之罪，恢复他们原有的封地，那么，七国的军队就可以不经过战争而就此撤走。"于是，景帝沉默了很长时间，说："如若不这样做，还有什么其他的办法呢？我不会为了爱惜他一个人而不向天下谢罪的。"袁盎说："这个就是我的计策，请皇上仔细考虑考虑！"于是，景帝任命袁盎为太常，秘密收拾行装，做出使吴王的准备。十多天后，景帝授意丞相陶青、中尉嘉、廷尉张欧上书弹劾晁错："辜负皇上的恩德和信任，要使皇上与群臣、百姓疏远，又想把城邑送给吴国，根本没有臣子的礼节，犯下了大逆不道之罪行。晁错应当判处腰斩，他的父母、妻子、兄弟不论老少全部公开处死。"景帝批复说："同意。"晁错对此一无所知。壬子（二十九日），景帝派中尉去召见晁错，欺骗他坐着车子巡察市中，晁错穿着上朝的官服在东市就被斩首了。

【原文】

太尉亚夫言于上曰："楚兵剽轻，难与争锋，愿以梁委之，绝其食道，乃可制也。"上许之。亚夫乘六乘传，将会兵荥阳。发至霸上，赵涉庶说亚夫曰："吴王素富，怀辑死士久矣。此知将军且行，必置间人于殽、渑厄狭之间；且兵事尚神密，将军何不从此右去，走蓝田，出武关，抵洛阳。间不过差一二日，直入武库，击鸣鼓。诸侯闻之，以为将军从天而下也。"太尉如其计，至洛阳，喜曰："七国反，吾乘传至此，不自意全。今吾据荥阳，荥阳以东，无足忧者。"使吏搜殽、渑间，果得吴伏兵。乃请赵涉为护军。

【译文】

太尉周亚夫对景帝说："楚军剽悍敏捷，不能与其正面交锋，我建议放弃梁国，首先断绝吴、楚军队的粮道，才可以制服他们。"景帝同意了这个建议。周亚夫乘坐着六辆驿站的马车，想要去荥阳与大军会合。走到霸上时，被赵涉拦住去路，赵涉暗中劝周亚夫说："吴王一直都是很富有的，早就收买了一批甘愿为他献身的刺客。现在他知道将军将去前线，必定会在崤山、渑池之间的险要地段安排刺客来对付您；况且军事行动最讲究的是隐秘，将军为何不改变路线，从此处向右走，经过蓝田，出武关，抵达洛阳。这样绕着走，相差不过一两天，却可以直接进入洛阳武库，擂响战鼓。参与叛乱的诸侯王听到，一定会认为将军你是从天而降的。”太尉按照他的计策行事，到达了洛阳，高兴地说：“七国共同叛乱，我乘坐驿车却能平安到达此处，真是出乎意料。现在我已驻守荥阳，荥阳以东应该没有什么可担心的了。”周亚夫派官吏搜索崤山、渑池之间，果然抓住了吴国的伏兵。周亚夫就向景帝奏请，让赵涉担任其护军。

【原文】

太尉引兵东北走昌邑。吴攻梁急，梁数使使条侯求救，条侯不许。又使使愬条侯于上。上使告条侯救梁，亚夫不奉诏，坚壁不出。而使弓高侯等将轻骑兵出淮泗口，绝吴、楚兵后，塞其饟道。梁使中大夫韩安国及楚相张尚弟羽为将军。羽力战，安国持重，乃得颇败吴兵。吴兵欲西，梁城守，不敢西。即走条侯军，会下邑，欲战。条侯坚壁不肯战。吴粮绝卒饥，数挑战，终不出。条侯军中夜惊，内相攻击，扰乱至帐下，亚夫坚卧不起，顷之，复定。吴奔壁东南陬，亚夫使备西北。已而其精兵果奔西北，不得入。吴、楚士卒多饥死叛散，乃引而去。二月，亚夫出精兵追击，大破之。吴王濞弃其军，与壮士数千人夜亡走。楚王戊自杀。

吴王之弃军亡也，军遂溃，往往稍降太尉条侯及梁军。

吴王渡淮，走丹徒，保东越，兵可万馀人，收聚亡卒。汉使人以利啖东越，东越即绐吴王出劳军，使人鏦杀吴王，盛其头，驰传以闻。吴太子驹亡走闽越。吴、楚反，凡三月，皆破灭。于是诸将乃以太尉谋为是，然梁王由此与太尉有隙。

【译文】

太尉周亚夫率领军队向东北到达了昌邑。吴军急迫而猛烈地进攻梁国，梁王多次派使者向条侯周亚夫求救，周亚夫不答应。梁王又派使臣向景帝告状，说周亚夫不肯救援。景帝派使臣命令周亚夫援救梁国，周亚夫却不执行皇帝诏令，仍然坚守营垒，不派军队出战。但他命令弓高侯韩颓当等人率领轻骑兵，奔袭淮泗口，断绝了吴、楚军队的后路，堵塞了吴、楚的粮食输送道路。梁国派中大夫韩安国及楚相张尚的弟弟张羽为将军，张羽勇猛善战，韩安国指挥持重，于是得以挫败吴军。吴军想要向西进兵，但因梁军据城死守，于是就不敢越过梁国向西进兵。因此，吴军就前来进攻条侯周亚夫的军队，两军在下邑相遇，吴军急于求战，条侯却坚守壁垒不肯出战。吴军粮道断绝，士卒很是饥饿，多次向条侯挑战，但周亚夫始终不肯应战。在周亚夫的军营中，夜间突然惊乱，内部互相攻击，甚至闹到了周亚夫的大帐附近，周亚夫坚持睡着不起，一会儿后，就恢复了平静。吴军向汉军营垒的东南角调集军队，周亚夫却命令营中加强对西北方向的

防御。不一会儿，吴、楚的精兵果然突袭汉营西北，因汉军早有防备，并不能攻入。在吴、楚军中，有许多士卒因饥饿而背叛逃散，于是，吴王就领兵撤退了。二月，周亚夫派出精锐的军队追击，吴、楚军队大败。吴王刘濞丢下他的军队，与几千名精兵连夜逃跑。楚王刘戊自杀了。

因为吴王刘濞丢掉军队自己逃跑，吴军就崩溃瓦解了，许多部队渐渐向太尉条侯周亚夫和梁国的军队投降。吴王刘濞渡过淮河，逃到丹徒县，依附于东越，以此求自保，大约有军队一万多人，并召集许多逃散的士兵。汉朝派人用金钱利禄收买东越首领，东越首领就骗吴王出来慰劳军队，派人用矛戟刺杀了吴王，带上他的头，派人乘车疾驰到汉朝朝廷报告。吴国太子刘驹无奈之下逃亡到闽越国。吴、楚叛乱，共有三个月时间，就全被平定了。在这个时候，所有将领都认识到太尉周亚夫的战略部署是正确的，但梁王却因此与太尉有了矛盾。

张骞之识（卷十九◎汉纪十一）

【原文】

世宗孝武皇帝中之元狩元年

初，张骞自月氏还，具为天子言西域诸国风俗："大宛在汉正西，可万里。其俗土著，耕田；多善马，马汗血；有城郭、室屋，如中国。其东北则乌孙，东则于阗。于阗之西，则水皆西流注西海，其东，水东流注盐泽。盐泽潜行地下，其南则河源出焉。盐泽去长安可五千里。匈奴右方居盐泽以东，至陇西长城，南接羌，鬲汉道焉。乌孙、康居、奄蔡、大月氏，皆行国，随畜牧，与匈奴同俗。大夏在大宛西南，与大宛同俗。臣在大夏时，见邛竹杖、蜀布，问曰：'安得此？'大夏国人曰：'吾贾人往市之身毒。'身毒在大夏东南可数千里，其俗土著，与大夏同。以骞度之，大夏去汉万二千里，居汉西南；今身毒国又居大夏东南数千里，有蜀物，此其去蜀不远矣。今使大夏，从羌中，险，羌人恶之；少北，则为匈奴所得；从蜀，宜径，又无寇。”

天子既闻大宛及大夏、安息之属，皆大国，多奇物，土著，颇与中国同业，而兵弱，贵汉财物。其北有大月氏、康居之属，兵强，可以赂遗设利朝也。诚得而以义属之，则广地万里，重九译，致殊俗，威德遍于四海。欣然以骞言为然。乃令骞因蜀、犍为发间使王然于等四道并出，出駹，出冉，出徙，出邛、僰，指求身毒国。各行一二千里，其北方闭氐、莋，南方闭巂、昆明。昆明之属无君长，善寇盗，辄杀略汉使，终莫得通。于是汉以求身毒道，始通滇国。滇王当羌谓汉使者曰：“汉孰与我大?”及夜郎侯亦然。以道不通，故各自以为一州主，不知汉广大。使者还，因盛言滇大国，足事亲附，天子注意焉，乃复事西南夷。

【译文】

汉武帝元狩元年（已未，公元前 122 年）

当时，张骞从月氏国返还汉朝后，详细地向汉武帝介绍了西域各国的风土民情：“大宛国在我汉国正西方，距我国大概有一万里。只有当地人才定居在那里，耕种田地；有许多的好马，马汗就像血一样红；有城郭、房屋，和中国的大概相同。大宛国的东北方是乌孙国，而它的东面为于阗国。于阗向西，河水就会向西流入西海，以东的河水则向东流入盐泽。盐泽的河流在地下流淌，称其为暗河，往南则是黄河源头。盐泽距离长安大概有五千里远。盐泽的东方是匈奴国，直到陇西长城，南面是羌人部落，隔绝我国与西域的来往道路。乌孙、康居、奄蔡、大月氏都是游牧国家，随着牲畜放牧，风俗和匈奴差不多。大夏国在大宛的西南方向，他的风土人情和大宛大致相同。我曾在大夏国看见过我国邛山出产的竹杖和蜀地的布，我问他们：‘这些东西是从哪里来的？’大夏人回答说：‘是我国商人去身毒买回来的。’身毒国在大夏东南约几千里之外，习俗为定居，和大夏一样。根据我的估计，既然大夏在我国西南一万二千里以外的地方，而身毒国又在大夏东南几千里以外，况且有我国蜀地的东西，说明身毒距蜀地不是很远。现在我国出使大夏，若从羌人地区通过，道路艰险，而且羌人还不友善；如从北方地区走，就会落入匈奴人的手里；通过蜀地走，路好走又近，而且途中无强盗。”

汉武帝听说大宛及大夏、安息等地都是大国，产很多奇异物品，人民定居，喜欢汉朝的财物和汉朝大体相同，只是军事力量较为薄弱。它们北面的大月氏、康居等国，兵力较为强盛，但可以利用贿赂、引诱等方法令他们归附汉朝。若可以不通过战争只取乎信义就能争取到他们的归附，则汉朝的疆域就可以扩大万里，远方的人就会通过翻译来朝见我汉朝，风俗各异的国家将会归入汉朝的版图，天子的威信德行将会遍布四海。因此，汉武帝很高兴地同意了张骞的建议，命令张骞从蜀郡、犍为征召王然于等人作为使者，由駹、冉、徙及邛、僰间四道向身毒国进发。各路使者分别只走出一二千里之后，北路被阻于氐、筰，南路被阻于闭巂、昆明。昆明一带没有统一首领，盗匪有许多，经常劫杀汉朝使者，所以最后没有人通过那个地方。于是汉朝使者为寻求通往身毒国的道路，第一次来到滇国。滇王当羌对汉朝使者说："汉朝与我国相比，哪个大呢?"夜郎王也向汉朝使者提出相同的问题。因为道路阻塞，所以他们都各霸一方为王，并不知道汉朝的宽广。使者回国后，总是强调滇国是大国，值得去争取它归附。汉武帝注意到这个问题，于是，便重新谋划西南夷地区。

南征西进（卷二十◎汉纪十二）

【原文】

世宗孝武皇帝中之下元鼎六年

楼船将军杨仆入越地，先陷寻峡，破石门，挫越锋，以数万人待伏波将军路博德至俱进，楼船居前，至番禺，南越王建德、相吕嘉城守。楼船居东南面，伏波居西北面。会暮，楼船攻败越人，纵火烧城。伏波为营，遣使者招降者，赐印绶，复纵令相招。楼船力攻烧敌，驱而入伏波营中。黎旦，城中皆降。建德、嘉已夜亡入海，伏波遣人追之。校尉司马苏弘得建德，越郎都稽得嘉。戈船、下濑将军兵及驰义侯所发夜郎兵未下，南越已平矣。遂以其地为南海、苍梧、郁林、合浦、交趾、九真、日南、珠厓、儋耳九郡。师还，上益封伏波；封楼船为将梁侯，苏弘为海常侯，都稽为临蔡侯，及越降将苍梧王赵光等四人皆为侯。

【译文】

汉武帝元鼎六年（庚午，公元前111年）

楼船将军杨仆攻入南越国，首先攻陷寻峡，击破石门，挫败了南越军的前锋，然后率领部下数万人等待伏波将军路博德到来后一起前进。杨仆为前导，到达了番禺所属南越地带。南越王赵建德、丞相吕嘉等在城上守护。杨仆带兵在城东南方向，路博德带兵在城西北面。黄昏时分，杨仆军攻破了南越军，放火焚烧城楼。路博德设下营垒，派人招揽投降官兵，赏给印信、绶带，再命令他们去招降同伴。杨仆率军火烧敌军，猛烈进攻，南越军被驱赶到路博德营中。到了黎明时分，城中的南越兵已全部投降。赵建德、吕嘉已于半夜逃到了海上，路博德另派人对其追击。校尉司马苏弘生擒赵建德，原南越国郎官都稽活捉了吕嘉。戈船将军、下濑将军的部队及驰义侯领的夜郎军尚未赶到，南越国已被剿平。于是，汉朝在南越旧地设立南海、苍梧、郁林、合浦、交趾、九真、日南、珠厓、儋耳九郡。大军胜利回朝后，汉武帝加封路博德食邑，封杨仆为将梁侯，苏弘为海常侯，都稽为临蔡侯，南越降将原苍梧王赵光等四人也都被封为列侯。

【原文】

博望侯既以通西域尊贵，其吏士争上书言外国奇怪利害求使。天子为其绝远，非人所乐往，听其言，予节，募吏民，毋问所从来，为具备人众遣之，以广其道。来还，不能毋侵盗币物及使失指，天子为其习之，辄覆按致重罪，以激怒令赎，复求使。使端无穷，而轻犯法。其吏卒亦辄复盛推外国所有，言大者予节，言小者为副。故妄言无行之徒皆争效之。其使皆贫人子，私县官赍物，欲贱市以私其利。外国亦厌汉使，人人有言轻重，度汉兵远不能至，而禁其食物以苦汉使。汉使乏绝，积怨至相攻击。而楼兰、车师，小国当空道，攻劫汉使王恢等尤甚，而匈奴奇兵又时遮击之。使者争言西域皆有城邑，兵弱易击。于是天子遣浮沮将军公孙贺将万五千骑，出九原二千馀里，至浮沮井而还；匈河将军赵破奴将万馀骑，出令居数千里，至匈河水而还；以斥逐匈奴，不使遮汉使，皆不见匈奴一人。乃分武威、酒泉地置张掖、敦煌郡，徙民以实之。

【译文】

博望侯张骞通过出使西域而获得尊贵的地位之后，他的部下竟相向朝廷上书，陈说一些外国的奇异之事和利害关系，请求出使。汉武帝认为西域道路遥远，不会有人愿意前往。听了这些话后，赐给他们符节，允许他们招募官吏百姓，不问其出身，并在他们准备齐整后派他们出发，用来扩大出使的规模。这些人回来后，不免有私吞财物和违背朝廷旨意的现象，汉武帝认为他们很熟悉出使西域之事，所以给他们加以重罪，用来激怒他们，让他们立功赎罪，从而使他们再次请求出使。这些人反反复复出使外国，从而对违犯法律的事情看得很轻。使臣的随从官吏和士卒也都会不断盛赞外国事物，会说的被封赐正使符节，不大会说的就封为副使。因此，很多谎话连篇、没有品德的人都竞相效法。出使外国的人都是贫家子弟，私占所带的国家财物，常常贱卖后私吞利益。西域各国也非常厌恶汉朝使节，他们所说的事情前后不实，估计汉朝军队因为路远很难到达这里，于是就不为汉使提供食物，给他们制造更多的困难。汉使在缺乏粮食供应的情况下，常常会累积怨恨，甚至互相攻击。楼兰、车师两个小国，地处汉朝通往西域的通道上，常常不断地攻击汉使，王恢等人被攻击得尤其厉害，匈奴军队也常常阻拦并袭击汉使。使臣们纷纷报告朝廷，说西域各国都有城镇，兵力单薄，容易攻击。于是，汉武帝派浮沮将军公孙贺率领一万五千骑兵，从九原出塞两千余里，至浮沮井而还。又派匈河将军赵破奴率骑兵一万余人，从令居出塞数千里，至匈河水而还，目的也是为了驱逐匈奴，让汉使不受阻拦，可是没有遇到一个匈奴人。于是分割武威、酒泉二郡土地，增设张掖、敦煌二郡，迁徙内地民众充实该地。

泰山祭祀（卷二十一◎汉纪十三）

【原文】

世宗孝武皇帝下之上元封五年

冬，上南巡狩，至于盛唐，望祀虞舜于九疑。登灊天柱山，自寻阳浮江，亲射蛟江中，获之。舳舻千里，薄枞阳而出，遂北至琅邪，并海，所过礼祠其名山大川。春，三月，还至太山，增封。甲子，始祀上帝于明堂，配以高祖，因朝诸侯王、列侯，受郡、国计。夏，四月，赦天下，所幸县毋出今年租赋。还，幸甘泉，郊泰畤。

【译文】

汉武帝元封五年（乙亥，公元前106年）

冬天，汉武帝向南巡游，到达了盛唐，祭祀九疑山的虞舜陵墓。又登灊县天柱山，然后从寻阳乘船过长江，在江中亲自射蛟，将它捕获。汉武帝的船首尾相连，连绵千里，到达枞阳时弃船登陆，向北行至琅邪郡，沿海继续前行，一路祭祀名山大川。三月的春季，汉武帝在回归的途中经过泰山，命令将祭天神坛增大。甲子（二十一日），汉武帝第一次在明堂中祭礼文帝，将汉高祖刘邦作为配祀。又命各诸侯王、列侯前来朝见，接受各郡、国记载户口赋税的簿册。四月的夏季，汉武帝下令大赦天下，凡是此次巡游经过的各县一律免去今年的田租、赋税。回京后，巡幸甘泉宫，祭祀于泰畤。

霍光辅政（卷二十二◎汉纪十四）

【原文】

世宗孝武皇帝下之下后元二年

上病笃，霍光涕泣问曰："如有不讳，谁当嗣者？"上曰："君未谕前画意邪？立少子，君行周公之事。"光顿首让曰："臣不如金日磾！日磾亦曰："臣，外国人，不如光；且使匈奴轻汉矣！"乙丑，诏立弗陵为皇太子，时年八岁。丙寅，以光为大司马、大将军，日磾为车骑将军，太仆上官桀为左将军，受遗诏辅少主，又以搜粟都尉桑弘羊为御史大夫，皆拜卧内床下。光出入禁闼二十馀年，出则奉车，入侍左右，小心谨慎，未尝有过。为人沉静详审，每出入、下殿门，止进有常处，郎、仆射窃识视之，不失尺寸。日磾在上左右，目不忤视者数十年；赐出宫女，不敢近；上欲内其女后宫，不肯；其笃慎如此，上尤奇异之。日磾长子为帝弄儿，帝甚爱之。其后弄儿壮大，不谨，自殿下与宫人戏；日磾适见之，恶其淫乱，遂杀弄儿。上闻之，大怒，日磾顿首谢，具言所以杀弄儿状。上甚哀，为之泣；已而心敬日磾。上官桀始以材力得幸，为未央厩令；上尝体不安，及愈，见马，马多瘦，上大怒曰："令以我不复见马邪！"欲下吏。桀顿首曰："臣闻圣体不安，日夜忧惧，意诚不在马。"言未卒，泣数行下。上以为爱己，由是亲近，为侍中，稍迁至太仆。三人皆上素所爱信者，故特举之，授以后事。丁卯，帝崩于五柞宫，入殡未央宫前殿。

帝聪明能断，善用人，行法无所假贷。隆虑公主子昭平君尚帝女夷安公主。隆虑主病困，以金千斤、钱千万为昭平君预赎死罪，上许之。隆虑主卒，昭平君日骄，醉杀主傅，系狱。廷尉以公主子上请，左右人人为言："前又入赎，陛下许之。"上曰："吾弟老有是一子，死，以属我。"于是为之垂涕，叹息良久，曰："法令者，先帝所造也，用弟故而诬先帝之法，吾何面目入高庙乎！又下负万民。"乃可其奏，哀不能自止，左右尽悲。待诏东方朔前上寿，曰："臣闻圣王为政，赏不避仇雠，诛不择骨肉。《书》曰：'不偏不党，王道荡荡。'此二者，五帝所重，三王所难也，陛下行之，天下幸甚！臣朔奉觞昧死再拜上万岁寿！"上初怒朔，既而善之，以朔为中郎。

戊辰，太子即皇帝位。帝姊鄂邑公主共养省中，霍光、

金日磾、上官桀共领尚书事。光辅幼主，政自己出，天下想闻其风采。殿中尝有怪，一夜，群臣相惊，光召尚符玺郎，欲收取玺。郎不肯授，光欲夺之。郎按剑曰：“臣头可得，玺不可得也！”光甚谊之。明日，诏增此郎秩二等。众庶莫不多光。

【译文】

汉武帝后元二年（甲午，公元前87年）

汉武帝病重，霍光哭泣着问道：“假若陛下不幸去世了，应当由谁来继承皇位呢？”汉武帝说：“你难道不能理解先前赐给你的那幅画的意思吗？我要立我最小的儿子为君，而由你担任周公的角色。”霍光叩头谦让说：“我不如金日磾合适！”金日磾也说：“我是外国人，不如霍光合适。况且若由我辅政，会使匈奴轻视我大汉的！”乙丑（十二日），汉武帝颁布诏书，立刘弗陵为皇太子，时年八岁。丙寅（十三日），汉武帝任命霍光为大司马、大将军，金日磾为车骑将军，太仆上官桀为左将军，由他们三人接受遗诏，辅佐幼主，又任搜粟都尉桑弘羊为御史大夫，他们全都在汉武帝的病床前接受任命。霍光出入皇宫二十年之久，出宫则乘车，入宫则在汉武帝的左右事奉，谨慎小心，从没有什么过失。他为人沉静仔细，每次出入宫廷、下殿门，止步和前进都有一定的地方，郎官、仆射们在暗中观察默默记下，发现他的

位置尺寸都不差。金日磾在汉武帝身边几十年，从来不会看他不该看的东西；赐给他宫女，他不敢亲近；汉武帝想将他的女儿纳为后宫嫔妃，他不肯；他如此诚笃谨慎，汉武帝感到特别奇怪。金日磾的长子是汉武帝的幼时玩伴，汉武帝非常宠爱他。他长大后因为行为不检点，在殿下与宫女调情，恰巧被金日磾看到。金日磾对他儿子的淫乱行为十分厌恶，愤怒之下就将他杀死了。汉武帝听说后非常生气。金日磾叩头请罪，讲述了杀死其子的原因。汉武帝深深感到悲伤，为此落下了眼泪，后来就更加敬重金日磾。上官桀开始时因为他的勇力过人而得到汉武帝的赞赏，被任命为未央厩令。有一次，汉武帝感到身体不适，等到他痊愈后，去检查御马，发现马匹十分瘦弱，于是大发雷霆，说："厩令难道你认为我再也看不到这些马了吗！"想要将上官桀逮捕下狱。上官桀叩头说："我听说皇上圣体欠安，日夜为你担忧因而无心管理马匹。"话还没有说完，已经流下几行眼泪。汉武帝认为上官桀很爱护自己，因此与他更为亲近，任命他为侍中，逐渐升到太仆。霍光、金日磾、上官桀三人都是汉武帝平时最宠爱信任的人，所以特意将自己的事情托付给他们三人。丁卯（十四日），汉武帝在五柞宫驾崩，遗体运到未央宫前殿停柩。

汉武帝有智慧，做事果断，善于任用贤人，严厉执法，从不存有私情。隆虑公主的儿子昭平君迎娶了汉武帝的女儿

夷安公主。隆虑公主病危时，进献黄金千斤、钱千万，请求首先为儿子昭平君赎一次死罪，汉武帝答应了她的请求。隆虑公主去世后，昭平君越来越骄横放纵，竟在醉酒后把公主的师傅杀死了，被逮捕入狱。廷尉因昭平君是公主之子而请示武帝，汉武帝身边的人都为昭平君说情："以前隆虑公主曾出钱赎罪，陛下已答应了她。"汉武帝则说："我妹妹在很大的年纪才有了这一个儿子，临终时又将他托付给我。"当时汉武帝泪流满面，叹息了许久，说："法令乃是先帝所创造的，如若因为妹妹的原因而破坏法令，我有什么脸面去高祖皇帝的祭庙呢！而且这样做还辜负了朕的万民。"于是同意了廷尉的请求，处死昭平君，而悲伤难以制止，周围的人也都跟着伤感不已。可东方朔却上前祝贺汉武帝说："我听闻圣明的君王治理国家，奖赏不回避仇人，惩罚不区分骨肉。《尚书》上说：'不偏向，不结党，君王的大道坦荡平直。'对这两项原则，古代的黄帝、颛顼、帝喾、尧、舜五帝也十分器重，而夏禹、商汤、周文王三王却很难做到。现如今陛下却做到了，这真是天下之大幸啊！我东方朔捧杯，冒死再次为陛下祝贺！"汉武帝一开始对东方朔十分恼怒，后来才认为他是对的，并任命东方朔为中郎。

戊辰（十五日），太子刘弗陵即皇帝位。因为只有八岁，所以他的姐姐鄂邑公主与他一起住在宫中，负责抚养照顾他。霍光、金日磾、上官桀三人共同主管尚书事，负责主持朝政。霍光辅佐幼主，国家政令都由他发出，天下人想见一见他的风采。殿中曾经出现怪物，一天夜里，群臣因为怪物而受到惊吓，于是霍光召来了担任尚符玺郎的官员，想要取走皇帝的玉玺。尚符玺郎不肯给他，霍光想要强夺。尚符玺郎手按宝剑说道：“你可以拿去我的头，但绝不能拿走玉玺！”霍光对他这种态度非常赞赏。第二天，便以汉昭帝的名义将这位尚符玺郎的品秩提升了两级。众人无不因此对霍光更加尊敬。

燕王谋叛（卷二十三◎汉纪十五）

【原文】

孝昭皇帝上始元元年

武帝初崩，赐诸侯王玺书。燕王旦得书不肯哭，曰："玺书封小，京师疑有变。"遣幸臣寿西长、孙纵之、王孺等之长安，以问礼仪为名，阴刺候朝廷事。及有诏褒赐旦钱三十万，益封万三千户，旦怒曰："我当为帝，何赐也！"遂与宗室中山哀王子长、齐孝王孙泽等结谋，诈言以武帝时受诏，得职吏事，修武备，备非常。郎中成轸谓旦曰："大王失职，独可起而索，不可坐而得也。大王壹起，国中虽女子皆奋臂随大王。"旦即与泽谋，为奸书，言："少帝非武帝子，大臣所共立；天下宜共伐之！"使人传行郡国以摇动百姓。泽谋归发兵临菑，杀青州刺史隽不疑。旦招来郡国奸人，赋敛铜铁作甲兵，数阅其车骑、材官卒，发民大猎以讲士马，须期日。郎中韩义等数谏旦，旦杀义等凡十五人。会缾侯成知泽等谋，以告隽不疑。八月，不疑收捕泽等以闻。天子遣大鸿胪丞治，连引燕王。有诏，以燕王至亲，勿治，而泽等皆伏诛。迁隽不疑为京兆尹。

【译文】

汉昭帝始元元年（乙未，公元前86年）

汉武帝去世的时候，朝廷以印有皇帝玺印的正式诏书通知各诸侯王。燕王刘旦见到诏书后不肯哭泣，说道："诏书的印封这么小，我怀疑京师已发生了变故。"于是派他宠信的臣僚寿西长、孙纵之、王孺等前往长安，以询问祭悼汉武帝的礼仪为借口，暗暗刺探朝廷动态。等到汉昭帝下诏奖赏刘旦钱三十万，增加其封国人口一万三千户时，刘旦生气地说："我是应当做皇帝的，用得着谁来赏赐我！"于是同皇室成员中山哀王之子刘长、齐孝王之孙刘泽等密谋一起反叛朝廷，还假称在汉武帝生前曾经得到过诏书，说允许他掌握其封国内各级官吏的任免权，整顿其军队，防备突发事变。郎中成轸对刘旦说："大王您失去皇位，只能站起来索取，坐着不动是什么也得不到的。大王一旦起兵，燕国之内，即使是妇女也都会奋臂追随大王的。"于是刘旦和刘泽密谋，编制造谣文书，宣称："现在的小皇帝并不是武帝的儿子，而是由朝中的大臣一起拥立的，天下人应当共同讨伐！"派人到各郡国传发谣言，以此来动摇百姓的心。刘泽计划返回齐国后从临菑发兵，杀死青州刺史隽不疑。刘旦在燕国招揽各地各郡的奸邪之徒，征用民间铜铁来制造铠甲武器，又多次检阅燕国的车骑、材官等各类军队，征调百姓进行大规模打猎活动，用来训练将士、马匹的作战能力，等着和刘泽约定的日期一到，一起举兵叛乱。郎中韩义等人多次劝阻刘旦，刘旦处死了韩义等共十五名官员。这个时候，缾侯刘成得知刘泽想谋反，于是就通知了隽不疑。八月，隽不疑逮捕了刘泽等人，并奏请朝廷。汉昭帝派大鸿胪丞负责处理此事。审讯中，燕王刘旦被供出。汉昭帝下诏，因燕王为至亲，下令不许追究，而将刘泽等全部处死。隽不疑调任京兆尹。

宣帝贤明（卷二十四◎汉纪十六）

【原文】

孝昭皇帝下地节二年

帝兴于闾阎，知民事之艰难。霍光既薨，始亲政事，厉精为治，五日一听事。自丞相以下各奉职奏事，敷奏其言，考试功能。侍中、尚书功劳当迁及有异善，厚加赏赐，至于子孙，终不改易。枢机周密，品式备具，上下相安，莫有苟且之意。及拜刺史、守、相，辄亲见问，观其所由，退而考察所行以质其言，有名实不相应，必知其所以然。常称曰："庶民所以安其田里而亡叹息愁恨之心者，政平讼理也。与我共此者，其唯良二千石乎！"以为太守，吏民之本，数变易则下不安；民知其将久，不可欺罔，乃服从其教化。故二千石有治理效，辄以玺书勉励，增秩，赐金，或爵至关内侯；公卿缺，则选诸所表，以次用之。是以汉世良吏，于是为盛，称中兴焉。

【译文】

孝昭皇帝地节二年（癸丑，公元前68年）

汉宣帝在民间出生，了解下层人民的艰难困苦。霍光死后，汉宣帝开始亲自主持朝政，励精图治，每隔五天，就要召集群臣，听取他们对朝政事务的意见。自丞相以下，群臣都根据自己所负责的事务进行奏报，又将他们所讲的意见分别下达给有关部门试行，考察、检验其功能和效益。凡任侍中、尚书的官员只要有功就会得到升迁，或有特殊成绩，就厚加赏赐，甚至涉及他们的子孙，长久不会改变。中枢机构严密，法令、制度完备，上下相安无事，没有任何人抱着苟且敷衍的态度办事。至于任命州刺史、郡太守、封国丞相等高级地方官吏，汉宣帝多次亲自召见询问，观察他们的抱负和他们对将来的打算，再考察一下他的行为，看是不是和他当时说得一样，只要查看出有言行不一的，一定会追究原因在哪儿。汉宣帝常说："老百姓为何能够安居家乡，没有叹息、怨愁，主要就在于为政要公平清明，合乎情理地处理诉讼之事。可以和我一起做到这一点的，不正是那些优秀的郡太守和封国丞相等二千石官员吗！"汉宣帝认为，郡太守为治理官吏和百姓的关键，若变换频繁就会容易引起百姓的不安。当百姓们知道他们的郡太守将会长期留任于此，不可

以欺罔，这样才能服从郡太守的教化。所以，只要地方二千石官员治理地方有成效的，有效率的，汉宣帝总是颁布诏书给予勉励，增加他的官阶俸禄，赏赐黄金，甚至赐爵为关内侯；若遇到公卿职位空缺，则会按照他们平时所受奖励的先后、多少，从而挑选补任。因此，汉朝的好官是在这一时期居多，号称中兴。

渤海治乱（卷二十五◎汉纪十七）

【原文】

中宗孝宣皇帝上之下地节四年

是岁，北海太守庐江朱邑以治行第一人为大司农，勃海太守龚遂入为水衡都尉。先是，勃海左右郡岁饥，盗贼并起，二千石不能禽制。上选能治者，丞相、御史举故昌邑郎中令龚遂，上拜为勃海太守。召见，问："何以治勃海，息其盗贼？"对曰："海濒遐远，不沾圣化，其民困于饥寒而吏不恤，故使陛下赤子盗弄陛下之兵于潢池中耳。今欲使臣胜之邪，将安之也？"上曰："选用贤良，固欲安之也。"遂曰："臣闻治乱民犹治乱绳，不可急也；唯缓之，然后可治。臣愿丞相、御史且无拘臣以文法，得一切便宜从事。"上许焉，加赐黄金赠遣。乘传至勃海界，郡闻新太守至，发兵以迎。遂皆遣还。移书敕属县："悉罢逐捕盗贼吏，诸持锄、钩、田器者皆为良民，吏毋得问；持兵者乃为贼。”遂单车独行至府。盗贼闻遂教令，即时解散，弃其兵弩而持钩、锄，于是悉平，民安土乐业。遂乃开仓廪假贫民，选用良吏尉安牧养焉。遂见齐俗奢侈，好末技，不田作，乃躬率以俭约，劝民务农桑，各以口率种树畜养。民有带持刀剑者，使卖剑买牛，卖刀买犊，曰：“何为带牛佩犊！”劳来循行，郡中皆有畜积，狱讼止息。

【译文】

汉宣帝地节四年（乙卯，公元前66年）

在这一年，北海太守庐江人朱邑，以治理地方政绩和个人品行排名第一而被调入朝中担任大司农，渤海太守龚遂也被调入朝中担任水衡都尉。当初，渤海周围各郡遇到荒年，百姓饥馑，盗贼四起，二千石官员不能将其擒获制服。汉宣帝下令选用有能力治理的官员，丞相、御史举荐前昌邑国郎中令龚遂，于是汉宣帝任命龚遂为渤海太守。召见的时候，汉宣帝问龚遂说：“你有什么好的办法来治理渤海郡，平息那里的盗贼呢？”龚遂说：“渤海郡地处海滨，远离京师，得不到圣明君主的教化，当地的百姓为饥寒所困苦，而地方官吏却不加以体谅，所以才使陛下的子民盗取陛下的兵器，在小池塘中耍弄耍弄罢了。现如今陛下是想派我镇压他们呢，还是安抚他们呢？”汉宣帝说：“我征选贤良人才，当

然是要安抚一下他们了。”龚遂说：“我听说，治理作乱的百姓就像梳理一团乱绳一样，不能过于着急，只有先将紧张的局势缓和下来，然后方能治理。我希望丞相、御史不要用那严格的法律命令来约束我的一举一动，允许我见机行事。”汉宣帝答应了龚遂的请求，并且奖赏了黄金，派他前往。龚遂坐着国家的驿车，来到渤海郡界，郡中的官员听闻来了个新太守，派军队去迎接。龚遂将军队全部遣还，并且下达文书给所属的各县，命令：“将所有负责缉捕盗贼的官吏全部撤销，只要手持锄头、镰刀和其他农具的，全都看作是良民百姓，地方官更不得对其进行刁难，只有手里拿着兵器的才算是盗贼。”然后，龚遂单人独车前往郡衙门就职。盗贼们听闻新太守的命令后，立刻就解散了，抛弃兵器弓弩，拿起镰刀、锄头，于是盗贼全部平息，百姓安居乐业。于是，龚遂就下令打开官仓，赈济贫苦百姓，选取品行优良的官吏对百姓们进行安抚、管理。龚遂发现齐地风俗较为奢侈，人们喜欢经营工商业，却不愿在田间劳作，于是就以身作则，提倡勤俭节约，劝导百姓从事各种农业生产，按各家人口的多少，规定必须种若干棵树，养家畜若干。凡是百姓有带刀持剑的，让他们卖剑买耕牛，卖刀买牛犊，说道：“你为什么要把壮牛和牛犊佩戴在身上呢！”通过龚遂的辛勤劝勉，身体力行，最终使渤海郡内各家各户都有了积蓄，刑狱讼案也大为减少。

公主还朝（卷二十六◎汉纪十八）

【原文】

中宗孝宣皇帝中神爵二年

乌孙昆弥翁归靡因长罗侯常惠上书："愿以汉外孙元贵靡为嗣，得令复尚汉公主，结婚重亲，畔绝匈奴。"诏下公卿议，大鸿胪萧望之以为："乌孙绝域，变故难保，不可许。"上美乌孙新立大功，又重绝故业，乃以乌孙主解忧弟相夫为公主，盛为资送而遣之，使常惠送之至敦煌。未出塞，闻翁归靡死，乌孙贵人共从本约立岑娶子泥靡为昆弥，号狂王。常惠上书："愿留少主敦煌。"惠弛至乌孙，责让不立元贵靡为昆弥，还迎少主。事下公卿，望之复以"乌孙持两端，难约结。今少主以元贵靡不立而还，信无负于夷狄，中国之福也。少主不止，繇役将兴。"天子从之，征还少主。

【译文】

汉宣帝神爵二年（辛酉，公元前60年）

乌孙昆弥王翁归靡通过长罗侯常惠上书汉朝廷说："希望以汉朝外孙元贵靡为继承人，愿能让他再娶汉朝公主为妻，结成两代美好婚姻，与匈奴断绝关系。"汉宣帝下诏命公卿大臣商议这件事情。大鸿胪萧望之认为："乌孙在十分遥远的地方，很难保证不发生变故，不能答应。"汉宣帝赞赏乌孙新立大功，又毅然断绝了和匈奴的老关系，于是封乌孙公主刘解忧的妹妹刘相夫为公主，赐予她非常丰厚的嫁妆，命她嫁入乌孙，派常惠护送她到敦煌。还没有出塞，就听说翁归靡已去世，乌孙贵族一起依从原来的约定，立岑娶的儿子泥靡为昆弥王，号称"狂王"。于是常惠上书说："愿将少公主暂时留在敦煌。"常惠赶到乌孙，责问为什么不立元贵靡为昆弥王，并且还宣称，若不立元贵靡，则会将少公主接回长安。汉宣帝命公卿大臣商议这件事，萧望之再次提出："乌孙骑墙动摇，很难约束结交。现在少公主因元贵靡没有被立为单于而回，并未对夷狄失信，而是我国之福。少公主若不回来，又将会兴起徭役。"汉宣帝接受了萧望之的意见，召回少公主。

四海臣服（卷二十七◎汉纪十九）

【原文】

中宗孝宣皇帝下甘露三年

匈奴呼韩邪单于来朝，赞谒称藩臣而不名。赐以冠带、衣裳，黄金玺、盭绶，玉具剑、佩刀，弓一张，矢四发，棨戟十，安车一乘，鞍勒一具，马十五匹，黄金二十斤，钱二十万，衣被七十七袭，锦绣、绮縠、杂帛八千匹，絮六千斤。礼毕，使使者道单于先行宿长平。上自甘泉宿池阳宫。上登长平阪，诏单于毋谒，其左右当户皆得列观，及诸蛮夷君长、王、侯数万，咸迎于渭桥下，夹道陈。上登渭桥，咸称万岁。单于就邸长安。置酒建章宫，飨赐单于，观以珍宝。二月，遣单于归国。单于自请“愿留居幕南光禄塞下；有急，保汉受降城。”汉遣长乐卫尉、高昌侯董忠、车骑都尉韩昌将骑万六千，又发边郡士马以千数，送单于出朔方鸡鹿塞。诏忠等留卫单于，助诛不服，又转边谷米糒，前后三万四千斛，给赡其食。先是，自乌孙以西至安息诸国近匈奴者，皆畏匈奴而轻汉，及呼韩邪单于朝汉后，咸尊汉矣。

【译文】

汉宣帝甘露三年（庚午，公元前51年）。

匈奴呼韩邪单于来到汉朝朝见，在拜见汉宣帝时，自称藩臣而不称呼名字。汉宣帝赐给他冠带、官服，黄金印玺、绿色绶带，玉石装饰的宝剑、佩刀，一张弓、四十八枝箭，十枝有戟套的长戟，安车一辆，马鞍马辔一套，马十五匹，黄金二十斤，钱二十万，衣衫被褥七十七套，锦绣、绸缎、各种细绢八千匹，丝绵六千斤。朝会典礼结束后，汉宣帝命使臣带领单于先到长平阪住宿，自己也从甘泉到池阳宫住宿。汉宣帝登上长平阪后，下诏命单于不必行参拜的礼节，单于左右的大臣可以列队观瞻，蛮夷各国的国君，各诸侯王、列侯等数万人，全部都来到渭桥下夹道迎接。当汉宣帝登上渭桥时，众人齐呼万岁。不久之后，单于到长安居住。汉宣帝设酒宴在建章宫款待单于，请他观赏奇珍异宝。二月，送单于回国。单于自己请求："愿能留居于大沙漠之南的光禄塞下，如遇有紧急情况，退入汉受降城就可自保。"汉宣帝派长乐卫尉、高昌侯董忠、车骑都尉韩昌率领一万六

千骑兵，又征发边疆各郡数以千计的士兵、马匹，送单于出了朔方郡鸡鹿塞。下诏命令董忠等留下来保卫单于，帮助单于讨伐不服他统治的匈奴人。又转运到边疆的谷米干粮，前后共三万四千斛，供给匈奴人食用。从前，自乌孙以西直到安息，与匈奴接近的西域各国，全都畏惧匈奴，轻视汉朝。自呼韩邪单于至汉朝朝见后，则全部遵从汉朝的号令。

飞燕身轻（卷三十一◎汉纪二十三）

【原文】

成皇帝上之上鸿嘉三年

王氏五侯争以奢侈相尚。成都侯商尝病，欲避暑，从上借明光宫。后又穿长安城，引内沣水，注第中大陂以行船，立羽盖，张周帷，楫棹越歌。上幸商第，见穿城引水，意恨，内衔之，未言。后微行出，过曲阳侯第，又见园中土山、渐台，象白虎殿。于是上怒，以让车骑将军音。商、根兄弟欲自黥、劓以谢太后。上闻之，大怒，乃使尚书责问司隶校尉、京兆尹，知成都侯商等奢僭不轨，藏匿奸猾，皆阿纵，不举奏正法；二人顿首省户下。又赐车骑将军音策书曰："外家何甘乐祸败！而欲自黥、劓，相戮辱于太后前，伤慈母之心，以危乱国家！外家宗族强，上一身浸弱日久，今将一施之，君其召诸侯，令待府舍！"是日，诏尚书奏文帝诛将军薄昭故事。车骑将军音藉稿请罪，商、立、根皆负斧质谢，良久乃已。上特欲恐之，实无意诛也。

初，许皇后与班婕伃皆有宠于上。上尝游后庭，欲与婕伃同辇载，婕伃辞曰："观古图画，贤圣之君皆有名臣在侧，三代末主乃有嬖妾。今欲同辇，得无近似之乎！"上善其言而止。太后闻之，喜曰："古有樊姬，今有班婕伃！"班婕伃进侍者李平得幸，亦为婕伃，赐姓曰卫。

其后，上微行过阳阿主家，悦歌舞者赵飞燕，召入宫，大幸；有女弟，复召入，姿性尤醲粹[①]，左右见之，皆啧啧嗟赏。有宣帝时披香博士淖方成在帝后，唾曰："此祸水也，灭火必矣！"姊、弟俱为婕伃，贵倾后宫。许皇后、班婕伃皆失宠。于是赵飞燕谮告许皇后、班婕伃挟媚道，祝诅后宫，詈及主上。冬，十一月，甲寅，许后废处昭台宫，后姊谒等皆诛死，亲属归故郡。考问班婕伃，婕伃对曰："妾闻'死生有命，富贵在天。'修正尚未蒙福，为邪欲以何望！使鬼神有知，不受不臣之诉；如其无知，诉之何益！故不为也。"上善其对，赦之，赐黄金百斤。赵氏姊、弟骄妒，婕伃恐久见危，乃求共养太后于长信宫。上许焉。

【注释】

①醲粹：醲，厚、重。粹，纯粹。

【译文】

汉成帝鸿嘉三年（癸卯，公元前18年）

王氏五侯都竞相崇尚奢侈。成都侯王商曾经得病，想要找个避暑的地方，就向皇上借用明光宫。不久之后，他又凿穿了长安城墙，引来了沣水，注入他家宅第中的大小人工湖，让他可以在家行船取乐。在游船上树立着羽毛华盖，四周全部张挂着帷幔，命令划船的人唱越地民歌。有一次，成帝来到王商的府第，看见这穿城挖渠引来的池水，心生恨意，可只是含恨隐忍，并未说什么话。后来，成帝微服出行，经过曲阳侯的府第，又看见园中修筑土山、渐台模仿白虎殿，因此成帝非常生气，指责车骑将军王音。王商、王根兄弟也很恐慌，就想用在自己脸上刺字、割鼻的办法向太后谢罪。成帝听说后，更加气愤难忍，于是派尚书去责问司隶校尉和京兆尹，指责他们明明知道成都侯王商等奢侈、僭越等种种不轨行为，还窝藏坏人，却都对他们阿谀放纵，不检举揭发他们，将他们绳之以法。司隶校尉和京兆尹两人在禁宫门外叩头请罪。成帝又给车骑将军王音下诏书说："外戚为何自己愿意犯罪而败落呢？居然还打算给自己刺面、割鼻，在太后面前摆出一副受戮受辱的样子，伤害太后的慈母之心，因此危害搅乱国家。势力过强的外戚宗族，朕都在他们的包围熏染下，很长的时间都很软弱没有什么作为，今天我要对他们一一进行处罚。请你立刻把王商等人召到你那里，等待依法处理！”这一天，成帝还令尚书奏报汉文帝诛杀将军薄昭的旧事。车骑将军王音坐在草垫子上，请求依罪行刑。王商、王立、王根都背负刀斧和砧板，表示谢罪待刑。很久后，这件事才平息。成帝只不过是要恐吓一下他们，实际上并无诛杀他们的意思。

最初，许皇后和班婕妤都受成帝宠爱。有一次，成帝在后宫庭院里游玩，想跟班婕妤一起乘坐一辆车，班婕妤推辞说：“我观赏了许多古代的图画，圣贤的君王身旁总是跟随着名臣，而三代末世的君王身旁才会有宠妾。如今陛下想要与我同车，是否有些相似呢！”成帝对她的回答很是赞赏，也就不再勉强。太后听说了，高兴地说：“古代有樊姬，今天有班婕妤！”班婕妤把侍者李平进献给成帝，李平受到宠幸，也被封为婕妤，赐姓为卫。

后来，成帝微服出行，到了阳阿公主的家，喜欢上公主家的舞女赵飞燕，把她召入宫中，很是宠爱。赵飞燕有个妹妹，也被召入了宫里，她姿容特别美艳，根本没有瑕疵。成帝左右的人看到她，都很惊叹赞赏。有位宣帝时的披香博士淖方成，当时站在成帝身后，却吐唾沫说：“这真是大祸水呀，一定会扑灭汉王朝之火的！”赵飞燕姐妹俩都被封为婕妤，一时尊贵荣宠，压倒了整个后宫。许皇后、班婕妤都失宠了。于是赵飞燕向成帝进谗言说，许皇后、班婕妤运用妖术诅咒后宫得宠的美人，甚至连皇上都骂了。十一月的冬季，甲寅（十六日），成帝废除许后，迁居昭台宫。许皇后的姐姐许谒等人全被诛杀，许后的亲属被逐归原籍。审讯班婕妤时，班婕妤回答说："我听说'死生有命，富贵在天。'我持正修行，还没有享到福，若做邪恶的事，就更不用想有什么好结果了。假使鬼神有知，绝不会听取诅咒主上的恶诉的；假使鬼神无知，向鬼神诉说又有什么用呢？我是不会做出用妖术诅咒的事情来的。"成帝认为她说得有道理，就赦免了她，并赐黄金百斤。赵氏姐妹骄横妒忌，班婕妤害怕时间越长最终就会被其所害，于是请求到长信宫侍奉太后。成帝予以批准。

【原文】

孝成皇帝上之下永始元年

上欲立赵婕伃为皇后，皇太后嫌其所出微甚，难之。太后姊子淳于长为侍中，数往来通语东宫；岁馀，乃得太后指，许之。夏，四月，乙亥，上先封婕伃父临为成阳侯。谏大夫河间刘辅上书，言："昔武王、周公，承顺天地以飨鱼、乌之瑞，然犹君臣祗惧，动色相戒。况于季世，不蒙继嗣之福，屡受威怒之异者乎！虽夙夜自责，改过易行，畏天命，念祖业，妙选有德之世，考卜窈窕之女，以承宗庙，顺神祇心，塞天下望，子孙之祥犹恐晚暮！今乃触情纵欲，倾于卑贱之女，欲以母天下，不畏于天，不愧于人，惑莫大焉！里语曰：‘腐木不可以为柱，人婢不可以为主。’天人之所不予，必有祸而无福，市道皆共知之，朝廷莫肯壹言。臣窃伤心，不敢不尽死！”书奏，上使侍御史收缚辅，系掖庭秘狱，群臣莫知其故。于是左将军辛庆忌、右将军廉褒、光禄勋琅邪师丹、太中大夫谷永俱上书曰：“窃见刘辅前以县令求见，擢为谏大夫，此其言必有卓诡切至当圣心者，故得拔至于此，旬月之间，收下秘狱。臣等愚以为辅幸得托公族之亲，在谏臣之列，新从下土来，未知朝廷体，独触忌讳，不足深过。小罪宜隐忍而已，如有大恶，宜暴治理官，与众共之。今天心未豫，灾异屡降，水旱迭臻，方当隆宽广问，褒直尽下之时也，而行惨急之诛于谏争之臣，震惊群下，失忠直心。假令辅不坐直言，所坐不著，天下不可户晓。同姓近臣，本以言显，其于治亲养忠之义，诚不宜幽囚于掖庭狱。公卿以下，见陛下进用辅亟而折伤之暴，人有惧心，精锐销耎，莫敢尽节正言，非所以昭有虞之听，广德美之风！臣等窃深伤之。惟陛下留神省察！”上乃徙辅系共工狱，减死罪一等，论为鬼薪。

初，太后兄弟八人，独弟曼早死，不侯；太后怜之。曼寡妇渠供养东宫，子莽幼孤，不及等比；其群兄弟皆将军、五侯子，乘时侈靡，以舆马声色佚游相高。莽因折节为恭俭，勤身博学，被服如儒生；事母及寡嫂，养孤兄子，行甚敕备；又外交英俊，内事诸父，曲有礼意。大将军凤病，莽侍疾，亲尝药，乱首垢面，不解衣带连月。凤且死，以托太后及帝，拜为黄门郎，迁射声校尉。久之，叔父成都侯商上书，愿分户邑以封莽。长乐少府戴崇、侍中金涉、中郎陈汤等皆当世名士，咸为莽言，上由是贤莽，太后又数以为言。五月，乙未，封莽为新都侯，迁骑都尉、光禄大夫、侍中。宿卫谨敕，爵位益尊，节操愈谦，散舆马、衣裘振施宾客，家无所馀；收赡名士，交结将、相、卿、大夫甚众。故在位更推荐之，游者为之谈说，虚誉隆洽，倾其诸父矣。敢为激发之行，处之不渐恧。尝私买侍婢，昆弟或颇闻知，莽因曰："后将军朱子元无子，莽闻此儿种宜子，为买之。"即日以婢奉朱博。其匿情求名如此！

【译文】

汉成帝永始元年（乙巳，公元前16年）。

成帝想要立赵飞燕为皇后，但皇太后嫌她出身太过微贱，从中进行阻拦。太后姐姐的儿子淳于长任侍中，屡次来往于东宫，为成帝传话。经过一年多，得到了太后旨意，允许成帝立赵飞燕为皇后。四月的夏季，乙亥（十五日），成帝先封赵飞燕的父亲赵临为成阳侯。谏大夫、河间人刘辅上书说："过去的武王、周公顺应天地，虽然有白鱼入王舟、火焰变鸟的祥瑞，但是君臣依然个个心怀恭敬和恐惧，神色庄重，互相诫勉。更何况现在正处末世，并未有太子降生的福气，却多次遭到上天的降威与震怒的变异警示呢！即使日夜自责检讨，改正过错，顺应而行，敬畏天命，思虑祖宗大业，精选品德高尚的家族，从中稽考挑选窈窕淑女，以此承奉宗庙，顺从神灵，满足天下人的愿望，依然想要有生子生孙的福气，恐怕已经太晚了！陛下现在却放纵自己的情欲，迷恋于卑贱之女，又想让这样的女子做天下之母，既不畏惧上天，又不愧对于人，陛下的迷惑，没有比现在更大的了！俗话说：'腐木不可用做梁柱，婢女不可成为主人。'上天和人民都不会赞成的事情，一定会有祸而无福，这是街市小民和路人都懂得的道理，朝廷却未有人肯说一句话，我因此感到非常痛心，不敢不冒死劝谏。"奏章上去后，成帝派侍御史抓捕了刘辅，囚禁在宫廷秘密监狱里，群臣谁都不知其被捕的原因。当时左将军辛庆忌、右将军廉褒、光禄勋琅邪人师丹、太中大夫谷永都上书说道："我们看到刘辅以前以县令的身份求见陛下，被陛下擢升为谏大夫，这就说明他的话一定会有卓异的见识，正好符合圣心，所以才能够被提拔到这个位置上。而仅仅一个月的时间，他突然被逮捕，关押在秘密的监狱。我们愚昧地认为，刘辅有幸以皇族宗亲位列谏臣。他最近才从下面的县邑来到朝廷，不懂朝廷的规矩，触犯了陛下的忌讳。如果是小罪，陛下还是应该隐忍一下的；但如果是大罪，就应该公开揭露，让司法官吏

去查办一下，让大家都知道他的罪恶。如今天心不悦，多次降灾，水旱不断袭来，正处于应该施恩宽容，广求建议，褒奖直言，让臣下尽言的时候，陛下却对谏诤之臣给予惨痛激烈的处罚，让群臣很是惊讶，从而丧失进忠言的心。如果刘辅不是因直言获罪，罪名又不能公布，就很难使天下家喻户晓。刘辅是同姓近臣，本因直言而闻名，从治理亲族、培养忠良的意义上来说，实在不应该把他幽禁在宫廷秘狱。公卿及以下官员，见陛下很快地擢升任用刘辅，又很快加以摧折，每个人都有恐惧之心，精气顿时全消，其锐气也减弱不少，不再敢为国尽忠直言了。这就很难显示出陛下具有虞舜倾听直谏的贤德，也不能推广美好的道德风范。我们深深地感到痛心，愿陛下留意考察！”成帝就把刘辅转移到少府管理的监狱，免除了死罪，判处他做三年砍柴工，供宗庙祭祀烧火用。

最初，太后有兄弟八人，唯独弟弟王曼早死，没有封侯。太后很怜惜他，把王曼的遗孀渠供养在东宫。王曼的儿子王莽，从小就成了孤儿，不能与别的堂兄弟相比。那些堂兄弟的父亲都是将军、王侯，可以凭借父亲当时的地位恣意奢华，在车马声色之中放荡游乐，并且互相攀比。而王莽却屈己下人，态度很是谦恭，勤学苦修，学识渊博，穿着像儒生。侍奉其母亲和寡嫂，抚养亡兄的孤儿，非常尽心周到。同时，他在外结交的都是些俊杰之士，对内事奉各位伯父、叔父，都能委曲迁就，礼敬有加。大将军王凤病重时，王莽侍候他，亲口尝药，蓬头垢面，一连几个月都不能解衣入睡。王凤将要死时，把王莽托付给了太后和成帝，王莽因此被封为黄门郎，以后又升任为射声校尉。很久以后，叔父成都侯王商上书，表示愿意分出自己封地上的土地和百姓封给王莽。长乐少府戴崇、侍中金涉、中郎陈汤等，都是当代名士，都为王莽美言。成帝因此认为王莽是个贤能人才，太后又多次以此嘱咐成帝。五月，乙未（六日），成帝封王莽为新都侯，升为骑都尉、光禄大夫、侍中。王莽在宫廷谨慎尽心，爵位越尊贵，他的礼节操守就越谦恭。他把自己的车马、衣物、皮裘周济给门下宾客，而自己的家却无余财。他收罗赡养名士，结交很多将、相、卿、大夫。从此，在位的官员轮番向皇帝推荐他，善游说的人也为他到处宣传，虚假并不符合事实的声誉隆盛无比，压过了他的诸位伯父、叔父。他敢于做违俗立异的事情，却可安然无事，毫无愧色。王莽曾私下买了一个婢女，兄弟中有人听说了，王莽于是就辩解说："后将军朱子元没有儿子，我听说这个女子有适合生男孩的相，所以就买了她。"当天王莽就把婢女奉送给朱博。他就这样隐匿真情博取名声！

【原文】

六月，丙寅，立皇后赵氏，大赦天下。

皇后既立，宠少衰，而其女弟绝幸，为昭仪，居昭阳舍，其中庭彤朱而殿上髹漆，切皆铜沓，黄金涂，白玉阶，壁带往往为黄金釭，函蓝田璧、明珠、翠羽饰之，自后宫未尝有焉。赵后居别馆，多通侍郎、宫奴多子者。昭仪尝谓帝曰："妾姊性刚，有如为人构陷，则赵氏无种矣！"因泣下悽恻。

【译文】

六月，丙寅（七日），成帝立赵飞燕为皇后，大赦天下。

赵飞燕被立为皇后以后，成帝却对她的宠爱渐渐衰退。而她的妹妹却一时间非常受宠，被封为昭仪，赐住昭阳舍。居住的中庭全涂成了朱红色，殿上则漆成黑色，门槛全用铜包上，又涂以黄金，台阶用白玉雕成，屋内墙壁上带状的横木，处处嵌有黄金环，环内以蓝田玉璧、明珠、翠羽来装饰。这样的奢华是后宫从未有过的。赵皇后则居住在另外一个宫殿里，和来往宫中的侍郎和多子的宫奴多次私通。赵昭仪曾对成帝说："我姐姐性格刚烈，若被人构陷，那我们赵氏可就要绝种了！"并趁势哭得十分凄恻。

王莽篡权

（卷三十五～三十七◎汉纪二十七～二十九）

【原文】

孝平皇帝下元始二年

郡国大旱，蝗，青州尤甚，民流亡。王莽白太后，宜衣缯练，颇损膳，以示天下。莽因上书愿出钱百万，献田三十顷，付大司农助给贫民。于是公卿皆慕效焉，凡献田宅者二百三十人，以口赋贫民。又起五里于长安城中，宅二百区，以居贫民。莽帅群臣奏太后，言：“幸赖陛下德泽，间者风雨时，甘露降，神芝生，蓂荚、朱草、嘉禾，休征同时并至。愿陛下遵帝王之常服，复太官之法膳，使臣子各得尽欢心，备共养！”莽又令太后下诏，不许。每有水旱，莽辄素食，左右以白太后，太后遣使者诏莽曰：“闻公菜食，忧民深矣。今秋幸孰，公以时食肉，爱身为国！”

【译文】

汉平帝元始二年（壬戌，公元2年）

郡国发生大旱灾、蝗灾，青州特别严重，人民都逃荒流亡。王莽禀告太皇太后：应该改穿没有花纹的丝帛服装，节省御用膳食，向天下表示克己节俭。王莽又乘机上书，愿拿出百万钱的捐款并贡献田地三十顷，交付给大司农以救助贫民。因此公卿大臣都敬仰而仿效，共有二百三十人捐献田宅，把这些田宅按人数分配给贫民。又在长安城中兴建五个里，盖二百所民宅，用来安置贫民居住。后来王莽率领群臣奏请报告太皇太后说："有幸仰赖陛下的盛德恩泽，最近，风雨依时，甘露从天而降，灵芝生长，蓂荚、朱草、嘉禾等诸般美好祥瑞的征兆一起到来。希望陛下依旧遵照规定穿帝王正常的服装，恢复太后的正常膳食供应，让当臣子的每个人都能尽力去使陛下有和乐的心，精心周到地供养陛下。"王莽又让太皇太后下诏，表示不同意。每当遇水旱灾害，王莽就吃素食。左右侍臣将这个情况报告给太皇太后，太皇太后派使者诏令王莽说："我听闻您最近只吃素食，真的是忧民至深。今年秋天庄稼很是丰收，请您及时吃些肉食，为国家爱护一下自己的身体！"

【原文】

莽欲以女配帝为皇后以固其权，奏言："皇帝即位三年，长秋宫未建，掖廷媵未充。乃者国家之难，本从无嗣，配取不正，请考论《五经》，定取后礼，正十二女之义，以广继嗣，博采二王后及周公、孔子世、列侯在长安者適子女。"事下有司，上众女名，王氏女多在选中者，莽恐其与己女争，即上言："身无德，子材下，不宜与众女并采。"太后以为至诚，乃下诏曰："王氏女，朕之外家，其勿采。"庶民、诸生、郎吏以上守阙上书者日千馀人，公卿大夫或诣廷中，或伏省户下，咸言："安汉公盛勋堂堂若此，今当立后，独奈何废公女，天下安所归命！愿得公女为天下母！"莽遣长史以下分部晓止公卿及诸生，而上书者愈甚。太后不得已，听公卿采莽女。莽复自白："宜博选众女。"公卿争曰："不宜采诸女以贰正统。"莽乃白："愿见女。"

孝平皇帝下元始四年

夏，太保舜等及吏民上书者八千馀人，咸请"如陈崇言，加赏于安汉公。"章下有司，有司请"益封公以召陵、新息二县及黄邮聚、新野田，采伊尹、周公称号，加公为宰衡，位上公，三公言事称'敢言之'；赐公太夫人号曰功显君；封公子男二人安为褒新侯，临为赏都侯。加后聘三千七百万，合为一万万，以明大礼；太后临前殿亲封拜，安汉公拜前，二子拜后，如周公故事。”莽稽首辞让，出奏封事："愿独受母号，还安、临印韨及号位户邑。”事下，太师光等皆曰："赏未足以直功。谦约退让，公之常节，终不可听。忠臣之节亦宜自屈，而伸主上之义。宜遣大司徒、大司空持节承制诏公亟入视事，诏尚书勿复受公之让奏。”奏可。莽乃起视事，止减召陵、黄邮、新野之田而已。

【译文】

王莽想把女儿嫁给平帝为皇后，用来巩固自己的权力，就上奏说："陛下已经即位三年了，却没有立皇后，后宫的嫔妃也空缺着。从前国家的灾难，是由于君王无继承人、后妃的来路不明所引起的。请求考查讨论一下儒学五经的有关记载，制定聘娶皇后之礼，让古代天子娶十二个女子的规定纳入正轨，使广求继嗣，广泛地在殷、周天子的后裔，周公、孔子的后代，或在长安的列侯之家中挑选合适的女子。”

太皇太后将此事交付给有关机构办理，管理此事的官员呈上众女子的名单，王氏家族的女子大多在被选中的名单中。王莽害怕王氏其他人的女儿会同自己的女儿争做皇后，就上书说："我本来就没有高尚的品德，女儿的资质才能又为下等，她不适合和众多女子一起被挑选。”太皇太后认为他是诚心诚意谦虚，就下诏说："王氏家族的女子是我的娘家人，就没必要再参加挑选了。”平民、诸生、郎吏及以上官吏，守候在皇宫大门上书的，每天都有一千余人。公卿大夫有的前去廷中，有的俯伏在宫内官署的门下，都口口声声地要求说：“安汉公有着如此辉煌的盛大功勋，现如今应当立他的女儿为皇后，为什么单单剔除了安汉公的女儿呢，天下人想要把期望归聚到哪一位身上呢！我们愿让安汉公的女儿做天下之母！”王莽派遣长史及以下官员分别去劝说阻止公卿及诸生的请愿，上书请愿的人反而越来越多。太皇太后情不得已，只好听从公卿的建议，挑选了王莽的女儿为皇后。王莽再一次为自己辩白说：“应该广选众女。”公卿争辩说：“如果再选取其他女子的话，就会违背正统的。”王莽只好说：“请察看一下我的女儿吧。”

汉平帝元始四年（甲子，公元4年）

夏季，太保王舜等官民八千多人上书朝廷，一致请求：“按照大司徒司直陈崇的建议，增加对安汉公王莽的赏赐。”奏章交给主管官吏，主管官吏奏报说：“增加安汉公王莽的封地，把召陵、新息二县，和黄邮聚、新野两地的耕田全都划入，采用伊尹和周公的称号，安汉公加上宰衡的官号，位居上公。三公向安汉公汇报工作，自称‘冒昧陈辞’。赐封王莽的母亲为功显君，封王莽的两个儿子王安为褒新侯，王临为赏都侯。又增加了皇后彩礼三千七百万钱，合成一万万钱，以此表示大礼的隆重。太皇太后到前殿，亲自赐封爵位和称号。王莽在前面下拜，两个儿子在后面下拜，就像周公

的旧例一样。”王莽叩头辞让，出宫以后送上了密奏，说：“我只愿接受对我母亲的封号，而退还王安、王临的印玺绶带和爵位称号、封邑民户。”事后，太师孔光等都说：“赏赐不能够抵偿功劳，谦虚辞让是安汉公的一贯作风，到底是不能够听从的。忠臣的气节有时应该自行屈服些，使主上大义得以伸张。应该派遣大司徒、大司空拿着符节，奉皇帝命令征召安汉公入宫主持朝政，并下令尚书不要再接受安汉公任何推辞退让的奏章。”奏章被批准。王莽这才着手主持朝政，仅减少召陵、黄邮聚、新野三地的封土罢了。

【原文】

莽复以所益纳征钱千万遗太后左右奉共养者。莽虽专权，然所以诳耀媚事太后，下至旁侧长御，方故万端，赂遗以千万数。白尊太后姊、妹号皆为君，食汤沐邑。以故左右日夜共誉莽。莽又知太后妇人，厌居深宫中，莽欲虞乐以市其权，乃令太后四时车驾巡狩四郊，存见孤、寡、贞妇，所至属县，辄施恩惠，赐民钱帛、牛酒，岁以为常。太后旁弄儿病，在外舍，莽自亲候之。其欲得太后意如此。

莽奏起明堂、辟雍、灵台，为学者筑舍万区，制度甚盛。立《乐经》；益博士员，经各五人。征天下通一艺、教授十一人以上，及有逸礼、古书、天文、图谶、钟律、月令、兵法、史篇文字，通知其意者，皆诣公车。网罗天下异能之士，前后至者千数，皆令记说廷中，将令正乖谬，壹异说云。

又征能治河者以百数，其大略异者，长水校尉平陵关并言：“河决率常于平原、东郡左右，其地形下而土疏恶。闻禹治河时，本空此地，以为水猥盛则放溢，少稍自索，虽时易处，犹不能离此。上古难识。近察秦、汉以来，河决曹、卫之域，其南北不过百八十里。可空此地，勿以为官亭、民室而已。”御史临淮韩牧以为：“可略于《禹贡》九河处穿之，纵不能为九，但为四五，宜有益。”大司空掾王横言：“河入勃海地，高于韩牧所欲穿处。往者天尝连雨，东北风，海水溢，西南出，浸数百里，九河之地已为海所渐矣。禹之行河水，本随西山下东北去。《周谱》云：‘定王五年，河徙。’则今所行非禹之所穿也。又秦攻魏，决河灌其都，决处遂大，不可复补。宜却徙完平处更开空，使缘西山足，乘高地而东北入海，乃无水灾。”司空掾沛国桓谭典其议，为甄丰言：“凡此数者，必有一是，宜详考验，皆可豫见。计定然后举事，费不过数亿万，亦可以事诸浮食无产业民。空居与行役，同当衣食，衣食县官而为之作，乃两便，可以上继禹功，下除民疾。”时莽但崇空语，无施行者。

【译文】

王莽又在所增加彩礼的三千七百万中，拿出一千万，送

给太皇太后左右侍从人员。王莽虽然独揽大权，但他千方百计迷惑、谄媚，使太皇太后高兴，甚至对太皇太后身边那些随从，都使用许多方法，送去数以千万计的贿赂。他还建议封太后的姐、妹为君，各有汤沐邑。因此，太皇太后身旁的人日夜共同赞美王莽。王莽知道，太皇太后是一个女人，讨厌居住在深宫大院之中。他打算用娱乐换取太皇太后手里的权力。于是，春夏秋冬四季，王莽都请太皇太后到长安四郊游览，慰问孤儿、寡妇和贞妇。所到长安各属县，都布施恩惠，赏赐平民钱币、丝织品、牛肉、美酒，每年都是如此。太皇太后身旁供支使开心的弄儿生了病，住在其他地方，王莽便亲自前往探望。王莽想得到太皇太后的好感，所利用的手段大致就是这样的。

王莽提议兴建明堂、辟雍和灵台，给学者建筑宿舍一万间，规模非常宏伟。在太学设立《乐经》课程，并增加博士名额，每一经各五人。征求全国精通一经的贤才，而且教授弟子十一人以上的经师，以及藏有散失的《礼经》、古文《尚书》、天文、图谶、音乐、《月令》《兵法》《史籀篇》文字，通晓它们意义的人，都前往官府衙门任用。收罗全国具有卓越才能的士人，前后来到京师的有上千人，都让他们到朝廷上记录其学说，打算让他们订正流传的错误说法，统一各种分歧的说法。

王莽再征求能够治理黄河的人才上百人，各人的主张并

不相同。长水校尉平陵人关并认为："黄河溃决的地点，常常在平原、东郡左右一带，而那一带地势低下，土质松软。据说夏禹治理黄河时，把原本这一带的土地空出来，认为水大时就可往那里倾泻，而水少时又会逐渐干涸。即使经常改变地方，但仍没有离开这一带。上古时代的往事难以考察。考察近代秦、汉以来的状况，黄河在古曹国、古卫国的地域决口，南北不过百八十里之遥。可以把这一带腾空，不要再兴建官亭、民居了。"御史临淮人韩牧认为："《禹贡》有九条河流的记载，我们应大略地在故道上挖掘，即使不能凿出九条河流，只要能开凿四五条，应该也有好处。"大司空掾王横进言说："黄河注入渤海的出口，比韩牧打算挖掘地带的地势还要高。过去频繁降雨，东北风起，海水倒灌，黄河向西南倒流过去，淹没了数百里，古九河的故道早就被海水吞没了。禹当初疏通黄河，本来是要顺着西山，流向东北。《周谱》说：'周定王五年黄河改道。'说明今天的黄河，并不是大禹当年挖掘的河道。还有，秦国攻击魏国时，决开黄河堤岸，用河水灌入魏国京都大梁，决口并加以扩大，无法再次堵塞。所以，应把平地的百姓全部迁移，重新开凿河道，使河水顺着西山脚下，居高临下向东北注入大海，就不会出现水患了。"司空掾沛国人桓谭主持这项讨论，对少傅甄丰说："这几项建议中，一定会有一个是可以用的。应首先详细考察，就都可以预见利弊得失。计划既然定下了而后

行动，费用不过数亿万而已，而且还可以使一些无产业的游民找到工作。他们闲着不从事生产，和他们参与劳动，一样需要那么多衣服和粮食。由国家供应他们的衣食，让他们为国家劳作，这对两方面都有好处。这样上可以继承禹的大业，下可以为人民除害。”然而，当时王莽崇尚的只有空话，而并未具体施行。

【原文】

群臣奏言：“昔周公摄政七年，制度乃定。今安汉公辅政四年，营作二旬，大功毕成，宜升宰衡位在诸侯王上。”诏曰：“可。”仍令议九锡之法。

莽自以北化匈奴，东致海外，南怀黄支，唯西方未有加，乃遣中郎将平宪等多持金币诱塞外羌，使献地愿内属。宪等奏言：“羌豪良愿等种可万二千人，愿为内臣，献鲜水海、允谷、盐池，平地美草，皆予汉民，自居险阻处为藩蔽。问良愿降意，对曰：‘太皇太后圣明，安汉公至仁，天下太平，五谷成熟，或禾长丈余，或一粟三米，或不种自生，或茧不蚕自成，甘露从天下，醴泉自地出，凤皇来仪，神爵降集。从四岁以来，羌人无所疾苦，故思乐内属。’宜以时处业，置属国领护。”事下莽，莽复奏：“今已有东海、南海、北海郡，请受良愿等所献地为西海郡。分天下为十二州，应古制。”奏可。冬，置西海郡。又增法五十条，犯者徙之西海。徙者以千万数，民始怨矣。

王莽始初元年

王邑等还京师，西与王级等合击赵朋、霍鸿。二月，朋等殄灭，诸县息平。还师振旅，莽乃置酒白虎殿，劳赐将帅。诏陈崇治校军功，第其高下，依周制爵五等，以封功臣为侯、伯、子、男。凡三百九十五人，曰“皆以奋怒，东指西击，羌寇、蛮盗、反虏、逆贼，不得旋踵，应时殄灭，天下咸服”之功封云。其当赐爵关内侯者，更名曰附城，又数百人。莽发翟义父方进及先祖冢在汝南者，烧其棺柩，夷灭三族，诛及种嗣，至皆同坑，以棘五毒并葬之。又取义及赵朋、霍鸿党众之尸，聚之通路之旁，濮阳、无盐、圉、槐里、盩厔凡五所，建表木于其上，书曰：“反虏逆贼鱷鲵。”义等既败，莽于是自谓威德日盛，大获天人之助，遂谋即真之事矣。

【译文】

文武百官奏称：“以前，周公代周成王处理国政七年，国家的制度才妥当安定下来。现在安汉公辅助国政四年，修建明堂等用了二十天，却大功全部完成。所以，应该把宰衡地位提高到侯爵亲王之上。”太皇太后下诏说：“可以。”同时又下令讨论九锡之法。

王莽自认为他的德威，北边感化了匈奴，东边招来了海外国家，南边怀柔了黄支国，只有西边没有施加任何的影响，于是派遣中郎将平宪等人携带很多的金钱礼物，去招揽引诱边界以外的羌人，使他们献出自己的土地，以此表示愿意归属汉朝。平宪等人奏报说："羌人豪杰良愿等为首的部落，人口大概有一万二千，希望成为汉朝的臣民，献出鲜水海和允谷、盐池，该地区地平草茂，都交给汉朝百姓，自己要住到险阻之处，作为汉朝的屏障。我们询问了良愿归降的用意，他回答说：'是太皇太后圣明，安汉公最仁慈，天下太平，五谷成熟，有的禾苗长到一丈多长，有的一粒谷子包含三粒米，有的不需要种植自己生长，有的茧不要蚕吐丝就可以自织而成，甘露从天上降下，甘泉从地下涌出，凤凰前来朝贺，神雀飞临聚集。这四年来，羌人从没有遭遇过艰难困苦，所以希望并喜欢归属汉朝。'望及时安排他们的生产和生活，设置属国统辖保护他们。"事情交给王莽处理，王莽回奏说："现在已有东海郡、南海郡、北海郡，请求接受良愿等所献土地设置西海郡。全国分为十二州，这样符合古代制度。"平帝批准。冬季，设置西海郡。又增订了法律五十条，违犯者被流放到西海郡去。被流放的人数以千万，百姓们开始产生了怨恨。

王莽初始元年（戊辰，公元8年）

王邑等人全部回到了长安，再向西与王级等会合，一起攻击赵朋、霍鸿。二月，赵朋等人被消灭了，各县秩序都已恢复。为了庆祝胜利归来，整顿军队，王莽于是在白虎殿设置酒宴，慰劳和赏赐将帅。命令陈崇按功劳的大小来奖励军功。依据周朝的制度，把爵位分为五等，赐封功臣为侯、伯、子、男，共三百九十五人，指出："他们都怀着愤怒的心情，东征西讨，羌寇、蛮盗、反叛、逆贼，还未转过脚跟，就被扑灭，天下人都很敬服。"这就是他们封爵的原因。本应赐爵为关内侯的，改名叫附城，又有数百人。王莽下令挖掘了翟义父亲翟方进和他祖先在汝南的坟墓，焚烧棺材，屠杀三族，连幼儿都未能幸免。甚至还将尸体一起埋进了同一个大坑，用荆棘跟五毒混杂一并埋葬。又下令把翟义、赵朋、霍鸿党羽们的尸体堆积在濮阳、无盐、圉城、槐里、盩厔五个地方的交通大道旁边，木牌竖立在尸体堆上，上面写道："反虏逆贼鳣鲵。"翟义等人皆已失败了，王莽因此认为自己的声威德行一天天兴盛，已获上天的扶助，便谋划正式登上皇位了。

【原文】

梓潼人哀章学问长安，素无行，好为大言，见莽居摄，即作铜匮，为两检，署其一曰"天帝行玺金匮图"，其一署曰"赤帝玺某传予黄帝金策书"。某者，高皇帝名也。书言王莽为真天子，皇太后如天命。图书皆书莽大臣八人，又取令名王兴、王盛，章因自窜姓名，凡十一人，皆署官爵，为辅佐。章闻齐井、石牛事下，即日昏时，衣黄衣，持匮至高庙，以付仆射。仆射以闻。戊辰，莽至高庙拜受金匮神禅，御王冠，谒太后，还坐未央宫前殿，下书曰："予以不德，托于皇初祖考黄帝之后，皇始祖考虞帝之苗裔，而太皇太后之末属。皇天上帝隆显大佑，成命统序，符契、图文、金匮策书，神明诏告，属予以天下兆民。赤帝汉氏高皇帝之灵，承天命，传国金策之书，予甚祗畏，敢不钦受！以戊辰直定，御王冠，即真天子位，定有天下之号曰新。其改正朔，易服色，变牺牲，殊徽帜，异器制。以十二月朔癸酉为始建国元年正月之朔，以鸡鸣为时。服色配德上黄，牺牲应正用白，使节之旄幡皆纯黄，其署曰'新使五威节'，以承皇天上帝威命也。"

【译文】

梓潼县人哀章在长安学习，素来品行就不好，喜欢说大话。他看见王莽在位摄政，就制造了一个铜柜，做了两道标签，一道写作"天帝行玺金匮图"，另一道写作"赤帝玺某传予黄帝金策书"。这个所谓的某，就是高皇帝的名字。策书上说王莽才是真天子，皇太后应遵照天意行事。图和策书都写明王莽的大臣八人，再加上两个好名字王兴和王盛，哀章乘机把自己的姓名也塞在里面，共是十一人，都写明了官职和爵位，作为辅佐。哀章在听到所谓齐郡新井和巴郡石牛等祥瑞事件后，于黄昏时分，穿着黄衣，拿着铜柜到高帝祭庙，把它交给了仆射。仆射奏请报告。戊辰（二十五日），王莽到高帝祭庙，拜受天神命令转让统治权的铜柜。他戴上了王冠，进见太皇太后，回来便坐在未央宫的前殿，发布文告说："我的德行不是很好，幸运的是我居然是黄帝的后代，是皇始祖虞帝的子孙，又是太皇太后的微末亲属。皇天上帝给予了隆厚的庇佑，让我继承大统。符命、图文、金柜中的策书，都是神明的诏告，把天下千百万人民托付于我。赤帝汉朝高皇帝的神灵秉承上天的命令，传下来给我转让政权的金策书，我十分敬畏，不敢不敬谨接受！而根据占卜，戊辰日（二十五日）是吉日，我戴上王冠，登上了真天子的座位，建立国号为'新'的王朝。决定改变历法，改变车马、服饰的颜色，改变供祭礼用的牲畜的毛色，改变旌旗，改变用器制度。把今年十二月朔癸酉（初一）定为始建国元年正月的初一，鸡鸣的时候被作为一天的开始。车马、服饰的颜色配合土德崇尚黄色，祭祀用的牲畜与正月建丑相应而使用白色，使者符节的旄头旗幡都采用纯黄色，写上'新使五威节'，表明我们秉承皇天上帝的威严命令。"

【原文】

莽将即真，先奉诸符瑞以白太后，太后大惊。是时以孺子未立，玺臧长乐宫。及莽即位，请玺，太后不肯授莽。莽使安阳侯舜谕指。舜素谨敕，太后雅爱信之。舜既见太后，太后知其为莽求玺，怒骂之曰："而属父子宗族，蒙汉家力，富贵累世，既无以报，受人孤寄，乘便利时夺取其国，不复顾恩义。人如此者，狗猪不食其馀，天下岂有而兄弟邪！且若自以金匮符命为新皇帝，变更正朔、服制，亦当自更作玺，传之万世，何用此亡国不祥玺为，而欲求之！我汉家老寡妇，旦暮且死，欲与此玺俱葬，终不可得！"太后因涕泣而言，旁侧长御以下皆垂涕。舜亦悲不能自止，良久，乃仰谓太后："臣等已无可言者。莽必欲得传国玺，太后宁能终不与邪？"太后闻舜语切，恐莽欲胁之，乃出汉传国玺投之地，以授舜曰："我老已死，知而兄弟今族灭也！"舜既得传国玺，奏之。莽大说，乃为太后置酒未央宫渐台，大纵众乐。

莽又欲改太后汉家旧号，易其玺绶，恐不见听，而莽疏属王谏欲谄莽，上书言："皇天废去汉而命立新室，太皇太后不宜称尊号，当随汉废，以奉天命。"莽以其书白太后，太后曰："此言是也！"莽因曰："此悖德之臣也，罪当诛！"于是冠军张永献符命铜壁文，言太皇太后当为新室文母太皇太后，莽乃下诏从之。于是鸩杀王谏而封张永为贡符子。

【译文】

王莽将要称帝时，首先捧来了各种符命祥瑞向太皇太后报告，太皇太后非常吃惊。在这个时候，因为孺子刘婴还没有登位，所以皇帝玉玺还放在太皇太后所住的长乐宫。等到王莽即位时，向太皇太后索要玉玺，太皇太后不肯交给王莽。王莽派安阳侯王舜去规劝。王舜素来谨慎恭敬，太皇太后平时很喜欢他、信任他。王舜见到了太皇太后，太皇太后也知道他是为王莽来索求玉玺，怒骂他说："你们父子宗族，靠着汉朝的力量几代富贵，不仅没有回报，反而利用人家托孤寄子的时机夺取政权，而不顾念任何恩义。这样的人，连猪狗都不会吃他剩下的东西，难道上天会容下你们兄弟吗！而且你们自己以金匮符命当新皇帝，改变历法，改变车马、服饰颜色，改变了制度，也应该自己另刻玉玺，让它传送到万世，用这个不祥的亡国玉玺作什么，还想得到它干什么？我只是汉朝的老寡妇，早晚都会死，我已打算跟玉玺一起埋葬，你们最终也得不到！"太皇太后一边说，一边哭泣。身边的常侍随从及下面的人都跟着哭泣起来。王舜也哀恸落泪，不能自已。许久之后，王舜这才抬头向太皇太后说："我现在已没有什么话可以说的了，只是王莽一定要得到传国玉玺，难道太后能够不给他吗？"太皇太后听王舜的话很恳切，又害怕王莽用暴力胁迫，于是就拿出汉朝的传国玉玺扔到地上，对王舜说："等到我老死后，你们兄弟俩将会被灭族的！"王舜得到传国玉玺后，报告给王莽。王莽十分喜悦，因此为太皇太后在未央宫渐台设酒宴，让众人纵

情欢乐。

王莽打算改变太皇太后在汉朝时的旧封号，换掉她的印玺绶带，但又害怕她会拒绝。王莽的远族王谏打算向王莽献媚，上奏说："皇天废除了汉朝，而命令建立了新朝，太皇太后不应该再一次称尊号，应该同汉朝一起废除，以顺应上天命令。"王莽把奏章呈报给太皇太后，太皇太后说："这话说得很有道理！"王莽于是说："这是违背德义之臣子，论罪当杀！"这时冠军县人张永呈献璧形铜片，上有符命文字，说太皇太后应称为"新室文母太皇太后"。王莽下诏接受。于是用鸩酒毒死王谏，封张永为贡符子。

【原文】

王莽始建国元年

春，正月，朔，莽帅公侯卿士奉皇太后玺韨上太皇太后，顺符命，去汉号焉。

莽乃策命孺子为定安公，封以万户，地方百里；立汉祖宗之庙于其国，与周后并行其正朔、服色；以孝平皇后为定安太后。读策毕，莽亲执孺子手，流涕歔欷曰："昔周公摄位，终得复子明辟；今予独迫皇天威命，不得如意！"哀叹良久。中傅将孺子下殿，北面而称臣。百僚陪位，莫不感动。

又按金匮封拜辅臣：以太傅、左辅王舜为太师，封安新公；大司徒平晏为太傅，就新公；少阿、羲和刘秀为国师，嘉新公；广汉梓潼哀章为国将，美新公。是为四辅，位上公。太保、后承甄邯为大司马，承新公；丕进侯王寻为大司徒，章新公；步兵将军王邑为大司空，隆新公。是为三公。太阿、右拂、大司空甄丰为更始将军，广新公；京兆王兴为卫将军，奉新公；轻车将军孙建为立国将军，成新公；京兆王盛为前将军，崇新公。是为四将。凡十一公。王兴者，故城门令史；王盛者，卖饼。莽按符命求得此姓名十馀人，两人容貌应卜相，径从布衣登用，以示神焉。

【译文】

王莽始建国元年（己巳，公元9年）

春季，正月朔（初一），王莽率领公侯卿士捧着新制的皇太后玉玺，呈奉给太皇太后，遵从上天的符命，去掉了汉朝的名号。

王莽下策书命孺子为定安公，把居民一万户、土地纵横各一百里赐封给他，在封国里建立汉朝祖宗的祠庙，与周朝的后代一样，都使用自己的历法和车马服饰的颜色，孝平皇后被立为定安太后。宣读策书完毕后，王莽亲自握着孺子的手，流着眼泪抽泣道："以前周公代理王位时，最后能够把明君的权力归还于周成王，如今我又偏偏被迫于上天威严的命令，不可以如自己的意！"悲伤叹息了良久。中傅带着孺子下殿，向着北面自称臣下。百官陪在旁边，没有人不受感动的。

王莽又按照金匮图的说明，对辅政大臣举行授任仪式：任命太傅、左辅王舜为太傅，赐封安新公；任命大司徒平晏为太傅，赐封就新公；任命少阿、羲和刘秀为国师，赐封嘉新公；任命广汉郡梓潼县人哀章为国将，赐封美新公。这是四辅，位列上公。任命太保、后承甄邯为大司马，赐封承新公；丕进侯王寻为大司徒，赐封章新公；大司空为步兵将军王邑，赐封隆新公。这是三公。太阿、右拂、大司空甄丰为更始将军，赐封广新公；京兆王兴为卫将军，赐封奉新公；轻车将军孙建为立国将军，赐封成新公；京兆王盛为前将军，赐封崇新公。这是四将。总共十一公。王兴原来是城门令史，王盛原来是卖饼的。王莽按照符命，找到十多个用这个姓名的人，而这两人的相貌也符合占卜和看相的要求，便直接从平民起用，用来显示其神奇之处。

【原文】

莽策命群司各以其职，如典诰之文。置大司马司允、大司徒司直、大司空司若，位皆孤卿。更名大司农曰羲和，后更为纳言；大理曰作士；太常曰秩宗；大鸿胪曰典乐；少府曰共工；水衡都尉曰予虞；与三公司卿分属三公。置二十七大夫，八十一元士，分主中都官诸职。又更光禄勋等名为六监，皆上卿。改郡太守曰大尹，都尉曰大尉，县令、长曰宰。长乐宫曰常乐室，长安曰常安。其余百官、宫室、郡县尽易其名，不可胜纪。

莽因汉承平之业，府库百官之富，百蛮宾服，天下晏然，莽一朝有之，其心意未满，狭小汉家制度，欲更为疏阔。乃自谓黄帝、虞舜之后，至齐王建孙济北王安失国，齐人谓之王家，因以为氏；故以黄帝为初祖，虞帝为始祖。追尊陈胡公曰陈胡王，田敬仲曰齐敬王，济北王安曰济北愍王。立祖庙五、亲庙四。天下姚、妫、陈、田、王五姓皆为宗室，世世复，无有所与。封陈崇、田丰为侯，以奉胡王、敬王后。

【译文】

王莽颁发策书规定了百官的职责，就好像典谟训诰的文章一样。设置大司马司允、大司徒司直、大司空司若，职位都是孤卿。把大司农更名为羲和，之后，又改为纳言，大理改为作士，太常改为秩宗，大鸿胪改为典乐，少府改为共工，水衡都尉改为予虞，加上三公司卿，分别归三公管辖。设置了二十七大夫、八十一元士，分别主管京师各官府的所有职务。又把光禄勋等加以改名，改称为六监，以上卿为职位。将郡太守改名叫大尹，都尉改名叫大尉，县令、县长改为宰。长乐宫改为常乐室，长安改为常安。其余百官、宫

室、郡县都改了名，不能一一记录了。

王莽接受了汉朝盛世的庞大基业，及其国库和诸官府丰厚的资产，众多的蛮族归附顺从，天下一派升平。王莽一朝攫为己有，他的心意仍然不能够满足，认为汉朝的格局太小，想要更为宏大。因此，他自称是黄帝、虞舜的后裔，一直传到齐王田建的孙子济北王田安，才失去政权。齐人称齐国的王族名为王家，于是就以王作为一个姓氏。所以，用黄帝为王姓的初祖，以虞舜帝为王姓的始祖。王莽追尊陈胡公为陈胡王，田敬仲为田敬王，济北王田安为济北愍王。他建造五座祖宗祭庙、四座皇族祭庙。天下姚、妫、陈、田、王五姓都是皇族，世代不纳税，不服役，不承担义务。封陈崇、田丰二人为侯爵，让他们分别作陈胡王妫满、田敬王田完的后嗣。

【原文】

莽以刘之为字“卯、金、刀”也，诏正月刚卯、金刀之利皆不得行，乃罢错刀、契刀及五铢钱，更作小钱，径六分，重一铢，文曰“小钱直一”，与前“大钱五十”者为二品，并行。欲防民盗铸，乃禁不得挟铜、炭。

莽曰：“古者一夫田百亩，什一而税，则国给民富而颂声作。秦坏圣制，废井田，是以兼并起，贪鄙生，强者规田以千数，弱者曾无立锥之居。又置奴婢之市，与牛马同阑，制于民臣，颛断其命，缪于‘天地之性人为贵’之义。汉氏减轻田租，三十而税一，常有更赋，罢癃咸出；而豪民侵陵，分田劫假。厥名三十税一，实什税五也。故富者犬马余菽粟，骄而为邪；贫者不厌糟糠，穷而为奸；俱陷于辜，刑用不错。今更名天下田曰‘王田’，奴婢曰‘私属’，皆不得卖买。其男口不盈八而田过一井者，分余田予九族、邻里、乡党。故无田、今当受田者，如制度。敢有非井田圣制、无法惑众者，投诸四裔，以御魑魅，如皇始祖考虞帝故事！”

【译文】

王莽以为刘字是由“卯、金、刀”组合而成的，因此下诏正月刚卯不能佩饰和不能使用金刀钱。于是，废除错刀币、契刀币以及五铢钱，改铸小钱，直径为六分，重量为一铢，上面有“小钱值一”的字样，再加上以前的“大钱五十”的货币为两类，同时发行。为了防止民间私自铸造，于是下了禁令不准挟带铜、炭。

王莽下诏：“古代实行一夫分田一百亩，按十分之一交租税，方能使国家丰裕，百姓富足，就这样，舆论的歌颂一时兴起。秦破坏圣人的制度，废除井田，因此吞并土地的现象出现了，贪婪卑鄙的行为也发生了，强者占领田数千亩，贫困的人竟然没有立锥之地。又设置了买卖奴婢的市场，和牛马一起关在栅栏之内，被地方官吏控制，蛮横地裁决了他们的命运，违背了‘天与地之间的生命以人类最宝贵’的原则。汉朝减轻了土地税，按其三十分之一征税，但是常常会有代役税，病残而丧失劳力的都一样要交纳。再加以土豪劣绅的侵犯欺压，且又利用租佃关系来掠夺财物，虽然名义上按三十分之一征税，实际上征收了十分之五的税。所以富人的狗马有吃不完的粮食，因有骄奢而做邪恶的事；穷人却吃不饱酒渣糠皮，因有贫困而做邪恶的事。他们都陷于犯罪，刑罚也就因此不再搁置不用。如今把全国的土地称之为‘王田’，奴婢叫‘私属’，都不允许买卖。那些家庭人口男性不满八人，而占有田亩超过一井的，就要将多余的田亩分给亲属、邻居和同乡亲友。以前没有田，现在应当分得田的，都要按照规定办。如若有人胆敢反对井田这种圣人首创的制度，就是无视法律，祸乱民众，就要依法将他们流放到四方极远的地方，去抵挡妖怪鬼神，就像我的始祖虞舜帝惩罚四凶的旧例一样。”